米中「新冷戦」、中国の脅威に真剣に備えよ。

今日、私が考えたこと——

衆議院議員
原田義昭
Harada Yoshiaki

集広舎

米中「新冷戦」、中国の脅威に真剣に備えよ。

はじめに

昨年初めから今年にかけて、国際的動きは「北朝鮮問題」に終始した。アメリカ大統領となったトランプ氏は北朝鮮からの脅威を徹底的に抑えようとした。北朝鮮はことさらそれに反発して、ミサイル開発と核実験を加速し、ついにその示威行為はアメリカ本土に達するかに及んだ。アメリカ主導の北朝鮮制裁は、国連安保理を中心に何次にも及び、中国、ロシアの協力も得て、制裁の効果は着実に出てきた。

本年二月の韓国平昌オリンピックが北朝鮮問題を劇的に変えた。北朝鮮のオリンピック参加から始まり、南北朝鮮首脳会談と続き、ついには六月十二日、シンガポールでの、トランプ大統領と金正恩労働党委員長の歴史的な米朝首脳会談となった。この首脳会談の主たる目標「完全非核化（ＣＶＩＤ）」は必ずしも明確に発表されなかったが、しかしこれを機に北朝鮮を挟む東アジア、ひいてはアジア全域での緊張緩和が間違いなく進んだ。米軍の撤退、朝鮮戦争の終結なども現実の問題として議論され始めた。

北朝鮮は一方で中国との交流を強め、金正恩委員長は米朝首脳会談前後で三度の訪中を通じて実質的に中朝同盟、ないしは北朝鮮の中国への傘下入りの様相を呈している。

我が国はその東アジアにいて、最も敏感にこの問題に対応する。隣接する中国、韓国、ロシアなどとの外交と安全保障関係を整備しつつ、インド、ＡＳＥＡＮ諸国、中東、アフリカ、欧米と外交の領域は広がっていく。日米同盟の絆を強化し、北朝鮮への非難、制裁には米国とともに中露始め国連安保理をも主導的立場を貫いた。また拉致問題は日本固有の人権問題であるが、ミサイル、核開発抑止と併せて北朝鮮に対して厳しく追及している。

北朝鮮問題は、早晩解決する。そもそも「北朝鮮問題」の本質は、アメリカと中国の「覇権争い」である。「北朝鮮問題」は、自由圏と共産圏の争い、これは「新しい冷戦」、「米中の新冷戦」と呼ぶべきと思うが、その狭間で起こった地域的な危機と理解することができる。北朝鮮はその際アメリカと中国のどちらのサイドに置くか、中国の傘下のままに置かせていいのか。北朝鮮は国連安保理からの制裁で厳しい孤立の中にいたとき、中国とも激しく離間していた。その時こそ、自由圏は、（制裁と全く矛盾するようだが）徹底して自由圏に取り込む可能性はなかったか。私は「暴論」を承知で、仮に「核保有国」の名を残しても、なお北朝鮮を自由陣営に取り込むことの必要性と可能性を模索したものだ。（116、119、123、127、169、189、203、204ページを特に参照のこと）

中国の脅威は、潜在性を含めて、深刻である。中国の覇権主義、拡大路線にはどの国も強い危機意識を持たなければならない。中国の世界戦略、すなわち習近平氏の一党独裁、世界制覇の野望は、南シナ海の事実上の軍事化、「一帯一路」、「アジア開発投資銀行（ＡＩＩＢ）」、ＢＲＩＣＳや上海協力機構へのコミット、アフリカ、アジアなど途上国の港湾、道路の建設等、政治、軍事、経済、社会のあらゆる分野に及び、すでに世界秩序を変えつつある。しかもＡＩ、ＩoＴ、ビッグデータなどが本格的に稼働する超情報化社会において、中国は徹底した資金、技術とデータの囲い込みを意図しており、いずれかの時点で、多くの国の国家機能は全て中国に握られているということに気づくであろう。

いったん米朝交渉が結実して、非核化がおおむね成り、朝鮮戦争の終結、平和条約締結の暁には、中国が強大であったことに改めて世界は気づくであろう。その事態を今から予知しておくこと、覚悟して最高の備えをしておくことこそ、どの国とっても最も必要なことである。

さもなくば、気がついたときには日本も中国に呑み込まれているということになる。現在の我が国の尖閣諸島への侵入、東シナ海資源開発問題の常態化などその序章に過ぎない。されば、日本は自主防衛を強化することに始まり、日米同盟、日韓同盟をさらに強化すること、さらにインドを含むＡＳＥＡＮ諸国との防衛協力を積極的に推進してその時に備えなければならない。憲法改正もその流れの最たるもの。

韓国は、文在寅《ムンジェイン》大統領の勇気と決断でこそ今日の南北融和と東アジアの緊張緩和を決定づけた。その高い評価はし過ぎることはない。ついては韓国は今後とも自由主義陣営の雄として誇りある地位を堅持するものと確信する。

アメリカの役割は、当然のことながら、全てに優先して大きい。東アジアを、日本を、またおよそ自由圏を守り抜くにはアメリカ、そしてトランプ大統領に期待するところ極めて大きい。しかしトランプ氏の思想、思考、言動に連続性のない外交政策や権力内部の混乱が見られ、それが内外の同盟国や指導者に不安感と不安定感を与えているのも事実である。「危うい独断」という表現がメディアに目立つ。態々友好的なＥＵ、日本など貿易戦争を拡げる必要もないはずだが。これからもアメリカが世界の指導国としてあるためには、（もっとも、アメリカ・ファーストや中間選挙などの内政事情を否定するつもりはないが）民主主義と自由主義、理想と人権と倫理、貧困対策と地球環境保護など、結局アメリカこそが高らかな理想主義と国際信義の旗手であることを見せ続けなければならない。トランプ氏には、もう一度自国アメリカの建国以来の偉大な歴史、全ての先人指導者たちの努力と功績を再確認し、かつ政府や議会にも謙虚に耳を傾ける勇気を持っていただきたい。

日本の外交、とりわけ安倍首相には、トランプ大統領の良いところに寄り添い、積極協力し、しかし一朝あるときは、進むべき道を毅然として示して意見や主張を厭わない姿勢が期待される。「まさかの友こそ真の友」、「A friend in need is a friend indeed」、両国には全く同じことわざがあることも偶然ではない。トランプ氏と最も強い信頼関係を築いたとされる安倍首相への期待は大きい。

今年は「日中平和友好条約」の四十周年にあたる。今後はさらにいっそう日中間の友好関係を進めていくことになる。ただこの時にこそ、静かに忍び寄る危機、いかなる将来に対しても、十分の備えをとっておくことが今の政治家の役割であると考えている。

追記

今まさに、「西日本豪雨」、「台風十二号」など国民の多くが甚大な被害に直面しています。ちょうど一年前は、私の地元・九州北部が同じく豪雨に直撃され、国挙げてのご支援と大変な苦労、経験をさせていただきました。天災は恨みつつも、それに勝てる国土の整備こそを改めて誓っているところであります。

平成三十年（二〇一八）七月　酷暑の地元事務所にて

衆議院議員　原田義昭

目次

平成二十九年（二〇一七）前期

平成二十九年（二〇一七）後期

平成三十年（二〇一八）前期

平成二十九年（二〇一七）前期

平成二十九年元旦

皆様明けましておめでとうございます。昨年中は大変お世話になりました。本年こそ倍旧の御指導をお願い申し上げます。

今日は早朝に上京して、皇居での新年祝賀の儀に出席し、天皇、皇后両陛下のご挨拶に親しく接しました。本年も素晴らしい年になりますようにお祈り申し上げます。私もしっかりと頑張ります。

（写真は今朝の富士山、三浦半島を見下ろす機内から）

平成29年1月1日（日）

日本人には「ズル賢さ」が必要

「日本人の教育、伝統、文化は清く、正しく、優しくということです。子供には『だますな』と教えます。しかし選手はそれをグランドで決して出してはいけません。フランス語では『マラン』という、『ズル賢い』という意味です。ヨーロッパの選手は皆マランです。私もマランの達人でした。よく倒れたりしますが、あれは皆演技です。日本人はマランを身につけなければ世界で勝てません」（サッカー日本代表ハリルホジッチ監督のことば。ハリル監督の迸《ほとばし》るような情熱と決意に圧倒されます。全ての日本人への愛情を感じます。元日の膨大な新聞の中で私が最も刺激を受けた記事です）。

1月2日（月）

自民党仕事始

一月五日、自民党本部にて自民党新年会、仕事始めが行なわれた。国歌斉唱ののち、安倍首相から今年一年にかける力強い意気込みと決意を伺いました。

1月5日（木）

新年の互礼会、続く

一月の前半は東京も地元福岡も何十もの新年挨拶や初顔合わせの会が続き、けっこう大変です。しかし居ながらにして半年分くらいの人々と年初のご挨拶ができる、偉い人には役に立つ話もたくさん聞けることになり、これほど有難いものもありません。一月五日現在、すでに十ヵ所以上を数えました。今日は東京、経団連関係の新年会にも出て、安倍首相から経済界向けの話も聞くことができました。賃金を上げることが景気浮揚になる、いわゆる「アベノミクス」をさらに推進していく、解散総選挙はしばらく先などと発言されました。

1月5日（木）

「どんど焼き」はしご

正月も終わり、七日以降に続く行事は「どんど焼き」です。地域の良き伝統として残っていますが、煙による環境問題、騒音などで取りやめたり、規模縮小したりが増えています。子供たちには良き思い出、経験としてこれからの人生を豊かにしていくものと思います。今朝も六ヵ所ほどはしごしました。

最後は那珂川町の保育所連盟主催の大規模どんど焼きで、町長、町議会ら総出で参加です。スナップは、武末町長、渡辺県議と一緒に。

1月7日（土）

弁護士会有志と憲法改正議論

東京に日帰りで往復し、弁護士会有志で作る「憲法改正発議研究会」に出席しました。弁護士会の中でも心ある有志たちが、衆参両院で三分の二の議席

を獲得した今、憲法改正への発議を急ぐべきとして地道な研究を進めています。私は初めての出席でしたが、年来の主張、すなわち、

◎自衛隊の位置付けをはっきりすべきこと、

◎日本の自衛隊は国民の圧倒的支持（九二％以上）を受けており、憲法九条二項（陸海空その他の「戦力」は否定）はこの事実に明らかに反するゆえ、その改正は基本的に必要なこと、

◎同改正が「自衛戦争」から「侵略戦争」に決して広がらないように一項（「戦争の放棄」）は基本的に残すこと、

などを説明、会員からはおおむね積極的同意を得られました。今後さらに研究を進めて、できるだけ速やかに研究会としての声明を出そうということになりました。

1月8日（日）

慰安婦問題で駐韓大使「一時帰国」

遅きに失した。日本政府はそれを抗議するため駐韓日本大使を一時帰国させた。

慰安婦問題の「日韓合意」に基づき、わが国は誠実に対応しているが、韓国は慰安婦像（少女像）を撤去する、その努力をするどころか釜山の日本総領事館前に新しく一体を新設した。日本政府は我慢の限界を超えた。

慰安婦問題について、私は一貫して厳しい言動に徹してきた、政府（外務省）、自民党に対し常に直言を続けている。昨秋、合意による「十億円の一方的支払い」にも最後まで反対した。そして今回領事館前にまで新設したことには、怒りも頂点に達した。朴槿恵《パククネ》大統領失権という同情を加味してもなお、許せ

る範囲を超えている。私はそもそも一昨年暮れ、韓国との間で政府間合意をすることにも最後まで異を唱えた。率直、この国が本当に信頼に値する国かがポイントだ。

「大使の一時召喚（帰国）」という措置は、外交関係としては一応厳しい手段ではある。とりあえずわが国の意思を明確に伝える第一歩といえるが、しかしいまだ遥かに十分だとは思わない。韓国に日本の国家意思を真剣に受け止めて、女子像を撤去するという約束を守り抜く誠意と政治的体力が残っているか、疑問が晴れることはない。

1月9日（月）

オバマ氏、最後の演説「We did it.」

テレビでオバマ大統領のお別れ演説を聴いた。彼は八年間、当然いろいろあったが、結局立派な大統領だった、と私は思う。初の黒人大統領、change（変化）を標榜《ひょうぼう》して内政、経済はほどほどだった。外交、安全保障は弱さが目立ち、国際政治ではおよそ主導権は発揮しなかった。核兵器では軍縮を訴え、世界の警察官役を自ら降板して、ロシアと中国、さらには北朝鮮を跳梁《ちょうりょう》させた、中東やテロでは何もできなかった。温厚かつ真面目な性格は米国の内外、世界中の人々に安心と安らぎを与えた。最後の言葉は「We did it.（私たちはやり遂《と》げた。）」で、本人としては満足すべき政治生活だったろう。夫人と娘に声をかけたとき、一度だけ涙を拭った。

トランプ氏が後を継ぐ。性格も、政治手法も真逆と言える。トヨタ自動車のメキシコ進出に待ったをかけるなど常識破りが早くも表面化した。強力なリーダーシップは認めるが、その方向性は皆目見当がつかない。国際政治では中国、ロシアの無法にはきつく当たって欲しいが、どの国も付き合うのに疲れることが多くなる。日米同盟もがらっと変わると覚悟した方がよい。

1月12日（木）

フィリピン観光大臣のルーツを探る

フィリピンのドデルテ大統領が昨年十月に来日したが、その際新任の観光大臣「ワンダ・コラゾン」氏も同行していた。旅行業も手広く営む女性政治家、実は日本人の血を引く。東京滞在中、縁があって一緒に食事をしたのだが、「手柴福松」さんがその祖父の名、福岡県の出身で親の代にフィリピン・ダバオ州に渡った。地元で成功者となり、有名人となった。コラゾン氏は日本での祖先のルーツを調べたいと強く懇請した。望郷の念は募るばかり。

私は重い宿題を背負った。「手柴」姓は福岡県に何ヵ所か偏在している。あちこちに声をかけること二ヵ月余、ついに探し当てたのはなんと私の選挙区「筑前町」にあった。かくして福松さんの兄の故「武市」さん（没二十年前）とその長男の「武利」さん（八十七歳）、次男の故「正行」さん（没五年前）とその息子「健一」さんが判明した。健一さんはコラゾン氏とはふた従兄弟という関係になる。手柴家は近在でも立派な一族で聞こえている。

もう四十年も前、福松さんが兄の武市さんにフィリピンから電話をしたことがある。武市さんはびっくりしたうえで即電話を切った。理由は、フィリピンに住みついている弟が財産分与でも言ってきたのかと思ったとか、以後連絡は途絶えた。時代を映す笑えない歴史であろうか。

かくして私も肩の荷を下ろし、コラゾン大臣に早速報告をした。大臣はいずれかの時期に里帰りに来るかも知れない、その時は私も歓迎団の一人くらいにはならざるを得まい。（写真は、武利さん夫婦）

1月13日（金）

私は今年も、福運か

新年の会合が続いていますが、嬉しいこともありました。「太宰府市商工会」の新年会、例年になく賑わっていました。懇親も進み、いよいよハイライトの「景品くじ引き大会」となりました。大盛り上がりの中、二十人ほど次々当たりくじが読み上げられ、悲喜こもごも、あちこちで大きな歓声と落胆の悲鳴と。

「さあ、いよいよこれが最後の当たりくじです」と司会者のコールが響くと、一瞬会場に緊張が走ります。そして、何と私の番号が読み上げられました。私は「当たったー」とくじを掲げて正面に走り寄る。商工会長から景品を頂き、凱旋、勝どきの声を挙げました。皆さんから歓声と祝福を頂き、ありがたい気持ちでいっぱいです。

私は実は、今までくじに当たったことがほとんどないのです。ビンゴゲームでも当たった記憶がありません。今回いかに嬉しかったか。

（なお、私も幸運を独り占めにもするわけにもいかず、もう一回くじ引きを提案して、景品は次の方に移してもらいました）写真は幸運の当たりくじです。

1月14日（土）

「新春の集い、朝倉地区」

朝倉地区の「新春の集い」を開催したところ、今年で最も寒いといわれる中、市町村長、県会議員、農協、商工会議所の指導者ら、また多くの後援者、支援者の来会を得て盛大な会となりました。私も今年にかける意気込み、経済、財政、農業、中韓外交問題、とりわけトランプ大統領の米国に対し日本がどう取り組むか、をしっかりと論じました。皆様に心から感謝いたします。

1月15日（日）

美の世界、大阪にて大パーティー

友人の「菅原淳司」さんの主宰する「J. Cosme グループ」に招待されて大阪のパーティーに参加しました。「美容と健康」をテーマに国内からアジア戦略にまで事業を拡大しています。韓国からミス韓国なども出席し、国際色豊かで華やかに、会は大いに盛り上がりました。歌手辺見マリさんまで歌いに来ていました。私も普段の政治集会とあまりに異なるので戸惑うばかり、お陰で体の内から妙な元気が出てきたような気がしました。雪降る中、福岡－大阪を新幹線「のぞみ」で往復しました。

1月16日（月）

韓国の「反ヘイトスピーチ運動」は今

韓国は今政治的には大変困難な状況にありますが、国民の間では様々しっかりとした活動も行われています。韓国のヘイトスピーチを規制する運動団体の代表者が訪問し、親しく意見交換しました。いわゆる「ヘイトスピーチ」とは、国、国民、民族、個人や団体の人格や尊厳を激しく貶《おとし》める言動を指す言葉で、「憎悪表現」とも訳されます。これを規制するための規範、倫理は国際的にも広く普及し、我が国でも法律（「ヘイトスピーチ対策法」）まで作ってそれを抑制する環境は大分整ってきました。

韓国でも実態は大変らしく、この団体は十年来、学者、政治家、ジャーナリストを含み活発な全国活動を続けており、今後は日本と連携していこうということとなり、その際は私が日本側の窓口（事務局）になることで合意しました。

1月17日（火）

英国、EU市場から完全離脱

英国のメイ首相が演説し、英国はEU共同市場から完全離脱すると発表した。あわせてアラブ諸国からの難民は原則受け入れないことも明確にした。これらは昨年六月に英国民が国民投票で示したEUからの離脱方針を具体化したものであるが、その最も強硬論に沿ったところが大方の予想と異なっており、欧州のみならず世界中を驚かせている。

日本の経済界も実利的に大きな影響を受けると懸念している。日本の欧州への貿易、投資活動は、政治も経済も金融も安定し成熟している英国を先ず目指す。英国で生産したものを共同市場たる他のEU諸国に自由に再輸出することを旨としたところ、今後は人、物の動きは自由を失い高い関税も付いてくる。かなり深刻な事情変更となる。英国だって困るだろうに、それが国家の（政治的）意思とあらば、誰も文句は言えない。

米国のトランプ大統領といい、今回の英国といい、世界の最大の民主主義国が揃って「自国優先」、「閉ざされた国際主義」に向かうことは、世界の政治経済パラダイム（座標軸）は間違いなく変化し、わが国も自らの国益を守り抜くには、綺麗ごとばかりでない、相当な戦略を強いられることとなろう。

1月19日（木）

「南京事件」に関する「APAホテル代表」と中国

APAホテルはわが国でも有数なホテルグループであり、今や米国等外国にも進出している。その代表元谷外志雄氏は実業家であると同時に保守の論客として長年研鑽を積まれている。論文も多く出され、その出版物もすでに多い。

彼の論文書籍は国内外の自社ホテルに配置され、ホテル客は自由に読むことができるという。先日米国にあるホテル室で中国系の顧客がそれを手にしたが、その内容をネットで非難した。中国に伝わり、中国では一瞬のうちに七千万人（！）だかに伝わり、国内で一気にＡＰＡホテル攻撃が始まったという、「ＡＰＡホテルは使うな」という不買運動が。

元谷氏はこれに対し、「堂々と受けて立つ、私は正しいことを言っているだけ。日本では全て言論の自由と思想の自由は保障されている。南京事件は歴史認識として明らかに虚偽と誤謬《ごびゅう》の中で伝えられており、わが国の伝統と名誉を守るためには根底から修正されなければならない」と持論を展開した。

その日、私は会合にて、元谷氏と会い彼を直接に激励した。また演説の中で、不買運動に動じない元谷氏の勇気を強く称えた上で、「昨年ユネスコ記憶遺産に中国のゴリ押しで南京事件が登録されたが、これは中国の情報開示が全く行われていないまま強行されたもので、今後は日本政府の努力によって撤回することができる。私は今懸命に外務省を督励している。今回の元谷事案がきっかけとなり国際社会で広く正しく議論されれば、南京問題が根本から見直される機会にもなり得る」と発言した。

1月20日（金）

若者に囲まれて、チョー、幸せ！

私は「国際青少年研修交流協会」の会長を務めています。この協会は日本と外国の青少年を交流させながら国内や外国で研修するという公益財団で、すでに四十年近くの活動で三万人以上の子供たちを育てました。実際の子供たちの世話、引率や指導はそこで育った若者たちがリーダーとなって率先して実務を担っています。協会の活動に終生関わっている人もいます。

今日はこの協会の役員たち

ぎました。

の新年会、私も多くの若者に囲まれて久しぶり若やぎました。

1月21日（土）

北九州市議会選挙、応援とレトロシティ

北九州市の市議会選挙が始まりました。いずれも激戦模様で、是非自民党系の同志に頑張って欲しいと思いました。次の諸君に皆様の特段のご支援お願いします。

❖日野雄二君（門司区）
❖吉村太志君（小倉南区）
❖三原朝利君（若松区）

久しぶり北九州にまで行きましたので、門司区レトロシティに立ち寄りました。「海賊船レストラン」で名物の「焼きカレー」で舌鼓を打ちました。

1月22日（日）

トランプ大統領就任論評紛紛

トランプ大統領が就任した。マスメディアを含む一般の評価は厳しい、非常に厳しい。あまりにも異色の指導者が誕生した。トランプ氏はひたすらにアメリカ・ファースト、アメリカの雇用、アメリカの製品、不法移民を排除する……を連呼する。アメリカこそ虐げられ、労働者こそ被害者であったと過去を断罪して、今後は実利、損得、国益、保護主義に徹することでしかないと叫ぶ。「自由」や「人権」や「平等」や「民主主義」や「国際主義」や「環境」などおよそ近代政治が目指す基本理念はついに語られることはなかった。これでは世界で最も豊かで最強の国として、少なくとも世界の尊敬と威厳を集めてきたアメリカが今後とも世界のリーダーたるを維持できるのか、自らがその地位を捨てたと宣言するに等しいのでは

ないか、とさえ思わせる。

トランプ大統領の発言はいずれも大統領選挙中の言動から予測はできた。しかし選挙演説が終わり公職に入ると、普通は平静と落ち着きを取り戻し側近や識者や議会の意見を容れ、本格的な政策作りに邁進するものである。しかし彼は天真爛漫に発想し、地のままに発言し、それを大統領として現実の政策に結ぼうとする。その蛮勇には敬意を表するがあまりに異質のリーダーとして世の中は戸惑い、強い不安と不信に落ち込み、大統領就任に世界中抗議デモが吹き荒れるというのも珍しい。世界の国々はこの国と今後どう新たに接触を始め、どう自国の主張と国益を維持していくかを模索していくことになる。

1月23日（月）

稀勢の里、優勝、ついに横綱へ

大関稀勢の里がついに初優勝を飾り、横綱となる。日本人の横綱は十八年ぶりだとか、モンゴル勢があまりに強かった、いや日本勢があまりにだらしなかった。日本人なら稀勢の里、と言われ続けて長い間よく耐えた。精神的にもここ一番でいつも潰れた。昨日の千秋楽で白鵬を破ったのは珍しくいい内容だった、土俵際まで押され粘り、ついに逆転突き落とした、白鵬が懸命だったのがいい。

日本人の悲願、立派な横綱になって欲しい。

1月24日（火）

トランプ大統領「政治家の原点」とは

トランプ大統領は徹底して「アメリカ第一主義」を掲げ自国アメリカさえ良ければあとはどうでもいい、と言わんばかり。「世界の指導者」としての風格は見えてこない。

しかしおよそ政治家たるもの、自国の権益、利益を守ることこそ本務である。トランプ大統領ほど国益に徹する人はいるか。国民にすればこれほど頼母

しい政治家はいまい。既成の政治家は綺麗事ばかり言って、結局自国民を守らない、言い訳ばかりする。日本の安倍晋三も、ずっと下がって原田義昭も、他所のことは考えず、ひたすら日本のこと、ひたすら地元福岡のことを考え、それだけで十分だ、トランプ氏を見習え……という声も実は聞こえてくる。

一方、アメリカとて一国で生きているわけではない、貿易も投資も、金融も全て国際社会と協力しながら、労働者だってメキシコやカナダ、南米、アジアからも多く来ている、日本の自動車だってアメリカにたくさん投資して百五十万人以上のアメリカ人を雇っている。アメリカこそ最も便益を受けている。日本への米軍駐留だって、日本の為にもなるが実はアメリカの安全保障にも大いに役立っている……世界中の人々は、アメリカの大統領にその辺の理解と協力を期待しているのだろうが、トランプ氏はオバマ氏と比べだいぶ違う。もちろん時間が経てば、彼自身も現実的になってくるから、心配には及ばないだろう。

就任一週間、新大統領への思いは千々に定まらぬ。しかしトランプ氏の「一国主義」の一撃は、普段忘れがちの我々に対し「政治家の原点」即ち「国益優先」、「地元主義」を改めて気付かせた。

1月26日（木）

「全日本柔道連盟」新年会

全日本柔道連盟の新年の集いが行われ、多くの著名人と挨拶しました。いよいよ東京オリンピックも三年後ということになり、選手育成の年次計画も具体的になってきました。

1月27日（金）

韓国は慰安婦像を撤去せよ

自民党は合同会議を開き、慰安婦問題について日韓合意に違反する韓国を厳しく非難した。一昨年の合意で慰安婦問題は「最終的かつ不可逆的に解決した」はずである。ところが韓国は全く守らない。

私は会議では冒頭概ね次のことを話した。「日韓合意は安全保障や外交的には相当の成果があったのは事実だが、最近の韓国の動きは見逃せない。日本は合意の十億円は支払った。一方韓国は合意の「ソウル大使館前」の慰安婦像を撤去しないばかりか、今や「釜山総領事館前」に新しく慰安婦像を作り、「日本領の竹島」にまで作ろうとする。ユネスコ記憶遺産にも韓国が民間主導で登録申請しており、これは決して受理させてはいけない。（ユネスコでは中国の南京事件の登録も撤回させることになっている。）国際金融でスワップ協力はやめることも辞さない。韓国が国内政治的に混乱しているので少し大目に見てきたが、これらの違反は厳しく咎めなければならない」。

韓国政府の善処を期待する。

1月28日（土）

「国益を発信せよ」NHK新会長に喝！

自民党本部、情報問題委員会にNHKの新会長上田良一氏の就任挨拶と新年度予算編成の報告を受けた。不祥事などの細々した業務報告が続いたが、私は以下の発言をした。「放送の番組編成は政治的中立や公正の原則は当然であるが、NHKの場合、国内放送でも国際放送（NHKワールド）であっても、血税で運営されている国営の放送ということを忘れていないか、日本という国を積極的に売り出すこと、

国益を守ろうとする意識が少な過ぎる、さもなくば『第二ＮＨＫ』を作れという声さえ出てくる。外国に出かけると、中国や韓国や諸外国の国際放送がいかに必死に本国の宣伝、情報発信に努めているかを見習って欲しい」と。

ＮＨＫ側はブツブツ建前論で弁解していたが、多少は効き目もあったものと感じた。

（写真　対面役員一同、上田会長は左端）

1月31日（火）

朝倉市「井手信彦」さん逝く

「井手信彦」さんが亡くなった。特別に許しを得て朝倉市の葬儀に出席、弔辞を述べたら直ぐ東京（国会）にトンボ帰りしました。私にとっては本当に大事な人でした。長い闘病生活でしたが、入院の度に元気に復帰される、私は密かに「現代の不死鳥」と敬愛していました。

若い時、同時期に旧通産省鉱山局に勤めていたことがある。戦友の気持ちで、羽振りよかった往年の炭鉱、鉱山時代を肴《さかな》によく飲みました。

私の選挙では一貫して自民党の支部長、役員、後援会の会長を務め、七回の選挙を闘ってくれました。落選で一番苦しんだ時もただ黙々と支えて、皆さんを引っ張ってくれました。政治経済が不透明で、さらにトランプ大統領の出現で我が国も選択が難しくなった今、井手さんのような相談相手を失うことは本当に悲しいことですが、天上から私たちをしっかり見守ってくださるよう頼んでおきました。

井手さんのご冥福を心からお祈りいたします。享年七十一歳。

2月1日（水）

アジアの平和は「映画祭」から

「第一回アジア国際映画祭」と銘打って、アジアの二十ヵ国から映画作品を出展し多くの人に見てもらう映画祭が「国会憲政記念館」で行われています（二月一日〜三日、入場無料）。映画の交流を通じてアジアの平和への機運を盛り上げようとの企画で、第一回目のイベントとしては成功といえそうです。

「金昌南」君という韓国人青年が実行委員長で、その行動力が凄い。金昌南君は非常に人懐こい性格でこの半年、私のところによく通い、私も次第に可愛がっているうちに私こそが映画祭の実質的な責任者の一人となってしまった。今日の大会は、各層各界の人々が入り混じって五百人以上集まり、企画への関心も高く、外交団あり、都内の学生集団あり、私の知らない世界が大きく広がった思いでした。国会議員も十人ほど出席。私は「日中映画祭」でも日本側の代表を務めるなど、映画の持つポテンシャル（潜在力）をある程度理解し、それを実行に移す活動をしており、この「アジア国際映画祭」でも金君らと共にさらに努力してみようと思っています。出展作品はいずれも独立系で無名ですが、非常に真面目に制作されたものと見受けます。

2月2日（木）

『大都会・天空の森』アクロス福岡の屋上緑化

福岡市のど真ん中に宙に浮いた森が聳《そび》えています。「アクロス福岡ビル」の南側ルーフには様々に植樹が施されており、一大緑化施設と謳《うた》われています。随分久しぶり、二十年ぶりくらいに独り頂上まで登ってみました。昔植栽だった階段屋根が今ではすっかり樹々生い繁り、ふと鬱蒼《うっそう》の山中にでも迷いこんだ錯覚にも襲われます。頂上に立ち眼の前に高いビル街を見下ろしながら、しばし喧騒《けんそう》を忘れた孤独に佇《たたず》んだのでした。

2月6日（月）

「北方領土記念の日」二月七日

恒例の北方領土返還に向けての全国大会が東京の

国立劇場で行われた。昨年十二月の安倍・プーチン日露首脳会談のあとを受けて盛り上がる大会となった。一般国民の代表として、引揚者団体、経済界、労働界、青年、女性組織のほか地元根室の高校生代表も返還のための力強い発言を行った。

2月7日（火）

欧州大使、集合

自民党本部、英仏独など欧州に赴任している大使が帰国中で、まとまって現地報告をいたしました。各国大使は、年に何度か報告に来ております。英国のＥＵ離脱、フランスの大統領選挙など世界情勢につき私たちも一般論は分かっていても、こうして現地大使の生の声を直接聞くことで一層認識を深めることとなります。一人五、六分の持ち時間しかないのが残念です。（写真、発言中は上月ロシア大使）

2月9日（木）

「木の文化推進全国運動」に向けて

「木の文化」を総合的に進めることで、国民生活を豊かにする、国産材を広めることで森を守り、温暖化対策の決め手になる、ましてや三年先の東京オリパラという具体的な目標があるではないか。建築や家具、木工機械など木材に関わる業界の代表者が打ち揃って挨拶に来られ、木の文化を推進する議員連盟を発足すべくお願いされた。ちょうど予算委員会の最中であったが、委員会控え室で応接し、意見を拝聴、その実現に向けて努力することを約束しました。

2月10日（金）

これからの農政（国政報告）

農政連（農協）主催の国政報告会が行われ、考えるところをしっかり話す機会を得た。

農業関係者にとってＴＰＰ協定の帰趨は極めて重要であって、ＴＰＰには基本的に大反対であった。多くの農産物、とりわけ重要五品目に対しての自由化の動きは決して受け容れることはできない。トランプ政権の登場でＴＰＰ協定が廃止されるとなると、次は米国が言う二国間条約の中で、農産物がどう扱われるかに関心が移る。日本の立場は、ＴＰＰで譲許した自由化レベルこそが日本の最終立場であるということである。しかし米国はそこから新たな交渉を挑んでくるかも知れない。

これからの政治闘争は、日本の自由化レベルを守り抜くこと、並行して内政の充実を図ること、さらには農協改革など農業者の側の自主改革を後押しすることであって、農産物輸出を強化し、国際競争力を高め、ひいては食糧自給率をせめて四五％にまで引上げることが必要である。

２月12日（日）

訪問、三題

美女お二人。いずれも東京のど真ん中、銀座にてファッションドレスの製造、販売（勝さん）と美容健康店（坂さん）を堂々と営む実業家です。

国際法学界で有名な東京大学の中谷和弘教授で、これからの東シナ海の法的問題の取り組みについて大いに意気投合しました。

東京都小笠原群島の新島青沼村長の訪問を受け、島の開発につき協力を約しました。本土から一〇〇キロ以上も離れており、発展するのも大変です。

２月13日（月）

日米首脳会談、安倍総理頑張る

安倍総理がトランプ米大統領と初の首脳会談を行い大きな成果を挙げた。安全保障面では尖閣諸島について日米安保条約5条の対象となることを確認して日本の危惧感に応えたし、日本の駐留米軍経費についても問題なしとした。経済面でも友好裡に対話は進んだ。全体として期待以上の成果とも言われており、安倍氏の政治力、外交力が冴え渡ったという印象。国内支持率も上がり、当面の政治困難は避けられそう、トランプ氏のご機嫌がずっと続くことを祈るのみ。

2月14日（火）

歌手「千昌夫」の一代記

テレビで歌手の千昌夫のことを観た。演歌歌手として超メジャーとなり、幾つもヒット曲を出し、われわれ世代には最も馴染みの歌手。「星影のワルツ」、「北国の春」などは国民歌謡と歌い継がれる。

その千にもやはり下積はあった。家が貧しかった、母親を楽にさせたかった、歌で身を立てたかった。長い長い下積みであった。有名な作曲家「遠藤実」の家に押しかけ、拝み倒して内弟子に潜り込んだ。何曲もらっても、売り出せない。もうやめようと思った時のレコードB面「星影」に少し人気が出たという。「千昌夫」という名は誰も知らない、知名度ゼロ。一計を案じて彼がやったこと、色々なデパートに電話して、「千昌夫」を場内アナウンスで呼び出してもらった、列車や新幹線に電話して車内放送で呼び出してもらった。名刺やチラシを電話ボックスや電車の網棚に忘れて帰る……。「○○様、事務所に連絡してください」類いの場内アナウンスは昔よくあった、その名前が多勢の人混みに聞かれれ

ば、それだけ名前が有名になるではないか。ケータイ電話が出てくる遥《はる》か……前の話である。

実は、私が全く同じことをしていたのです。選挙の出始めの五年くらい、金のない貧乏候補者が編み出した秘策、名前が広まるにはデパートや新幹線に電話して空の放送をしてもらうのがいかにも効果的、かくして川崎駅の「さいか屋」さんや国鉄南武線に。京浜急行線や横須賀線では大きな名前入りのタスキをかけて乗り込み、車掌から外につまみ出されたり……。ついに「星影のワルツ」が大ブレーク、レコード大賞に近づいた。千が恩師遠藤実に報告に行った時、なんと遠藤がピアノを抱きながら泣いたという……。

2月17日（金）

ささやかな芸術論

私の地元は文化活動が大変盛んなところです。年間を通して大小の文化祭が行われています。私もこまめに公民館など展示会場に足を運んで芸術作品から多くの感動をもらっています。絵画、書道や工芸品、手芸品なども沢山飾ってあります。いずれも完成までのその努力、苦労たるや大変なものがあります。

ところで工芸品、手芸品の展示台の上にはよく「作品には手で触らないように」との注意書きが置いてあります。丹精込めた作品ですから、万が一傷でもつけてはいけない、汚してはいけないという事です。しかし私はいつも思います、工芸品、手芸品は作者が情熱込めて手で作ったものだろう、作者の手の温もりがそのまま移っている、むしろ触ってもらう、手で感じてもらってこそ本当の良さが観る人に伝わるのでないか。

私はそのことを、失礼を顧みず、立会いの人に時々指摘します、大方理解はされますが文化祭の管理全体の話ですから、すぐには直りません。それでも次回には扱いを変更してくれたところもあります。

芸術とは情感が通って初めて

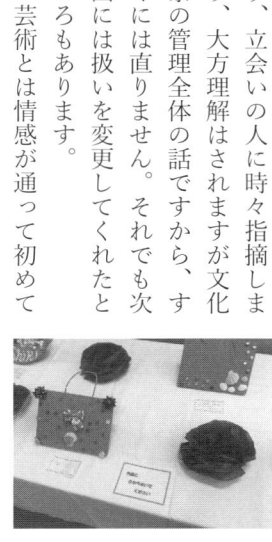

人を感動させるものと思います。

2月19日（日）

東峰村議会との勉強会

福岡県東峰村議会（大蔵久徳議長）の有志と勉強、懇談会をしました。東峰村は過疎が進んでいますが、地元の指導者たちの上昇志向は大変強く、農業、林業、地場産業、企業誘致など目指す目標は多方面で、私もみなさんと一緒に頑張っています。

2月20日（月）

「日本の医療の未来を語る会」

「日本の医療の未来を語る会」も毎月開催で、十一回目になります。今日の講演は厚生労働省医政局の佐々木健課長でテーマは『地域医療計画』について、全国の医療体制で最先端の政策状況を分かりやすく説明頂いた。大方は医療界の人々で、次第に参加人数が増えているのが心強い。日本で活動している外国人もおり、様々な情報交換も行われています。

2月23日（木）

予算委員会、大詰め

国の政治で最大の仕事は財政を豊かにして、国と国民の行く末を正しく導くことです。具体的には翌年度の予算、即ち国の収入と支出を決定することです。扱うのは衆議院、参議院の「予算委員会」ですが、国家の動きには全て一円、一銭のお金がかかるのですから、結局予算委員会では取り上げる議題に制約はない、およそ財政と無関係そうなもの、政治家の不祥事、官僚の行状などを含むあらゆる社会事象が取り上げられま

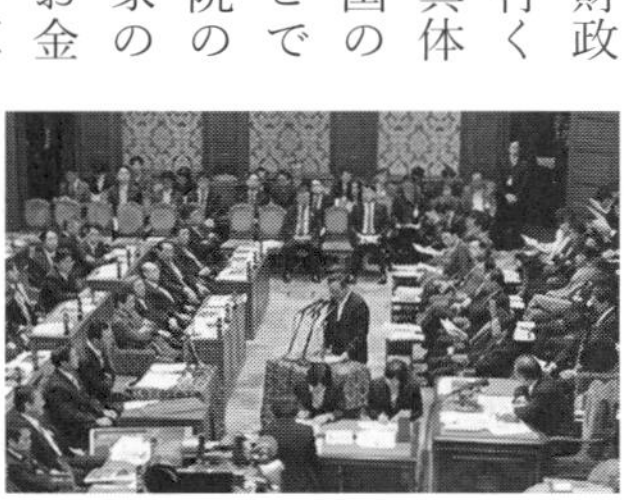

す。

毎年、二月はひと月間、衆議院の予算委員会にとっては最も大変な時期です。連日委員会が開かれます。質問する（攻める）野党議員も大変です。答える政府、閣僚側は、安倍総理、麻生財務大臣を筆頭にもっと大変です。委員もほぼ一日中拘束され、議席で見守っていますが、時には野次や合いの手で審議を盛り上げます。夕方までほとんど動けません。各党の様々な議論、関心事項、政府とのやりとりを聞いていると、今世の中どう動いているかがよくわかります。

今年の衆議院予算審議も大詰めにきました。二月二十七日に締め括り総括、採決、次いで本会議採決という予定がほぼ固まりました。すると今度は舞台が参議院に移り、三月中、ほとんど同じ手続きが参議院で行われます。

予算の成立、執行こそが最大の景気対策と言われます。国の政治の最大の仕事ですから、これに議員が全力を尽くすことは当然のことです。

2月24日（金）

人権とは　障害とは

筑紫野市主催の「人権、同和問題講演会」に出席して子供たちの生き生きとした人権意識に接しました。素晴らしい作文の朗読に感銘受けました。

2月25日（土）

〈珠玉のことば〉妹へ

『生まれてくれてありがとう』（人権文集から）

筑紫野市小学校3年生R君

二年前、ぼくが一年生の時、ぼくの家に女の子の赤ちゃんが生まれました。生まれたその日にダウン症があると知りました。父はとまどっていて、母は泣いていました。ぼくは生まれてうれしいのに、なぜ両親は悲しい顔をしているのか不思議でした。赤ちゃんの名前は希望がいっ

ぱいの名前にしました。妹は心臓の病気があって大手術をしましたが本当に頑張りました。入院の一ヵ月は大変さびしかったです。

妹は他の子供と比べて成長がゆっくりです。一歳半でやっとおすわりやねがえりができるようになりました。妹は家族や祖父母が大好きで、いつもにこにこしています。とてもおりこうで相手の言うことをよく見て聞いています。両親は妹と接するとき、「おりこうさんね。」、「かわいいね」と笑顔で声をかけています。すると妹もうれしそうな顔してはしゃぎます。ぼくも妹をだっこしたり遊んだりするとき声をかけています。すると妹は安心して楽しそうに遊びます。

ぼくはダウン症は体が弱く、成長がおそいと感じるときもありますが、障害があると感じたことはありません。妹は毎日とても生き生きしていて、妹の笑顔でぼくや家族をいやしてくれます。今では両親はぼくがうらやましくなるくらい妹をかわいがっていて、いつも「生まれてくれてありがとう」、「お母さんのところに来てくれたんだね」とだっこしてうれしそうにしています。ぼくも妹のお兄さんになれてうれしいし、妹のこれからの成長がとても楽しみです。少しずつ妹のできる事がふえていくように応援したいです。ぼくの妹として生まれてくれて本当にありがとう。

◯◯ちゃん、ゆっくりと大きくなってくださいね。

2月26日（日）

新春の集い、盛り上がる

恒例の「新春の集い」を開催して、今年も元気良いスタートを切りました。年初から、衆議院解散の動きもあるなど、いよいよ地元組織も活気づいてきました。多くのご来賓、参加者のもと、私も米国トランプ大統領の動きも含め、内政、予算、外交、安保、ついには東シナ海の中国対策などについて思い

の丈を演説しました。今年にかける気合いが肚の底から沸々と湧いてきました。昨年はみぞれ混じりでしたが、今年は素晴らしい天気に恵まれました。

2月27日（月）

「エルトゥールル号の恩返し」日本＝トルコ友好の絆

百三十年前、トルコの軍艦エルトゥールル号が日本（東京）を親善訪問、その帰りの和歌山県沖合で座礁し沈没した。死者七百人、生存七十人の大惨事となったが、その際の串本住民の必死の救難作業とその後のケアは痛くトルコ国民を感激させた。爾来《じらい》世紀を超えてこの事件は日本とトルコ、日本人とトルコ人との友好親善の象徴として語り継がれている。

ひるがえって、今日トルコは日本の東日本大震災の被災に対して「日本復興の光」という企画を立てて、日本人に復興への励ましを続けている、「エルトゥールル号の恩返し」と称して。

私はトルコと親しく行き来しており、多くのトルコ人に声をかけられ、またトルコの演芸で楽しませてもらった。ビデオの歌は在日トルコ人学校の子供たち。

2月28日（火）

中国の東シナ海の違法開発を止めさせよ

中国の海洋法違反は止まらない。新聞（読売）が大々的に報ずるまでもなく、東シナ海での尖閣《せんかく》諸島の領海、接続水域への侵入、油ガス資源への違法開発が常態化しており、非常に危険な状態にある、一刻も早く手を打たなければならない。中国はなまじ

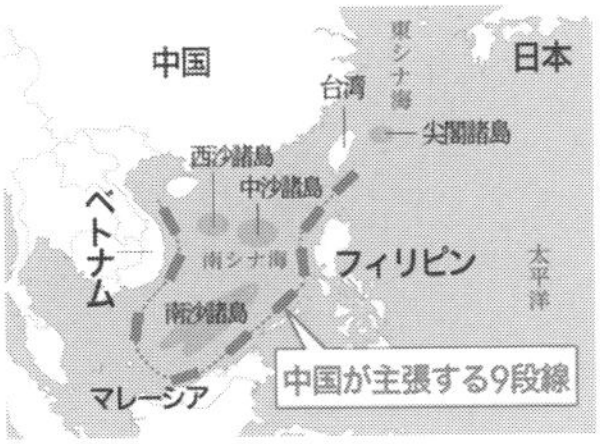

の方法では治らない、私は国際的司法手続きが中国の違法性を認識させ、法の支配を回復させるものと考えている。国際社会こそが中国の国際法違反を抑えることができる。

日本は平和外交に徹しており、中国の違法行為に実力や武器で阻止したり、排除することはあまり考えない。実は韓国、インドネシア、マレーシア、パラオ、アルゼンチンなどは近年でも漁船の侵入に対し武器で対応して撃沈させたことがあるが、日本の取り得る最後の平和的手段こそ国際司法に訴えることで、私は今回、中国を国際仲裁裁判所に訴えることを強く主張している。昨年フィリピンが南シナ海問題で中国を国際仲裁裁判所に訴え完全勝訴したことは我々に強く勇気を与えた。

3月1日（水）

アパホテル代表らと会食

アパホテル代表元谷外志雄氏の自邸に招かれ会食に参加しました。アパホテルはグループとして国内四百五十ホテル（うち東京都内七十一ホテル）七万室、北米四十ホテル、五千室を数える、恐らく日本一のホテルチェーンです。その経営哲学は極めて実直、信用を尊ぶ、起業以来二十八年間、一度も赤字決算出さず、この間一人のリストラも出していない。

元谷氏は、実業人と併せて今や優れた保守の論客であるが、このたび自著の歴史本「南京事件はなかった」に対し、中国がホテル・ボイコットを展開した。

実に世界中からの励ましを受けて一、二月の営業は空前の売り上げを記録したという。

会食は有名な歌舞伎狂言師和泉元彌さん母子、韓国出身で親日作家呉善花さんという珍しくも大変に楽しい組み合わせでした。

3月2日（木）

今や、世界一のエネルギー展

東京のビックサイト国際展示場で行われている

「新エネルギー、再生エネルギー展」に行って来ました。広大な複合施設を全て使った大規模なものでこの種の展示、商談会は世界一ではないかといわれている。全部見るのに数日かかるだろう。

太陽光発電、風力発電、水素エネルギー蓄電などを見学したが、いずれも大変な活気。水素エネルギーは「東芝」が業界を引っ張る、私は今経営苦境にある「東芝」を懸命に応援しています。わが福岡県も、小川知事を先頭に『水素エネルギー立県』を目指している。全体展示を主催する石積忠夫氏（リードエグジビション社長、全国展示場協会会長）の経営姿勢とバイタリティにはいつも敬服。石積氏とは本当に若い頃からの友人です。

3月3日（金）

高校生が米国に渡る

今世界が大きく動いている。トランプ大統領の登場は、実は衝撃的でもある。あれで本当に大丈夫なのかという不安と、政治家、やればできるのだという経験のない驚き。

こういう世界の動きを、若い時代に体験させよう、という外務省の「青少年海外交流プログラム」。十日程度の短期間だがアメリカに渡り、各地を訪問、家庭滞在、高校生との交流、多感な高校生にはまたとない学習と体験の機会でしょう。今回地元の高校生が選抜されました。私もはるか昔、高校生の時にアメリカ留学を経験、多くのことを学びました。今日の会食では、その経験談も少し話したところです。

3月4日（土）

「独占禁止法」の運用について（責任者として）

『独占禁止法』（略して『独禁法』）とは大変いかめしい、怖そうな名前ですが、企業、産業は基本的

に「健全な自由競争」が保障されなければなりません。そこにこそ経済社会の発展がある、それを守り抜くための最も基本的な経済法制こそ独禁法です。現代はグローバル経済で国境は事実上存在しません、故に独禁法は全ての国で制度化され、国際的にはお互い連動しながら運営されています。日本では「公正取引委員会」が主として担当しています。巨大な企業が出てきて市場を独占したり、不当な経済活動で健全な市場活動を阻害するなどに対し厳しい規制、監督を行っています。

　私は自民党本部と国会において、独禁法の担当（「競争政策調査会長」）を長く続けており、その時々の法律改正や制度議論の際には、責任者として議論をまとめています。現在も法制度の運用について、公正取引委員会と民間組織（経済界、弁護士会、消費者団体など）との意見が食い違い、その調整に多少苦労しています。

〈写真〉自民党内での会議の主宰、さらには弁護士会（日本弁護士連合会）などにも出かけて説明しています。

3月5日（日）

盛大、自由民主党「党大会」「優秀党員」に

自民党の年次党大会が盛大に行われました。五千人を越す会場満杯の大会で、演出も行き届き、安倍首相（総裁）の演説も全霊を揺さぶるように堂々たるものでした。党員として改めて自信と誇りを感じ、今年も内外多難な年となりそうですが、自民党とともに頑張ろうと考えました。

　なお今回私は「優秀党員」として表彰されました。特段の功績があるわけではありませんが議員歴が長くなったということらしい、しかし、ここは素

直に感謝して今後さらに頑張ろうと決意しました。

3月6日（月）

東シナ海問題で中国を「国際仲裁裁判所」に提訴せよ

自民党本部での外交経済関係会議。東シナ海で違法なガス資源開発を続ける中国を「国際仲裁裁判所」（オランダ・ハーグ）に訴えるべきであるとの決議を採択した。この決議は今後外務省や総理官邸に提出し、政府としての具体的行動を促すことになる。

東シナ海を挟む日中間の海洋紛争は前世紀から長く続いている。何度か合意らしきものは行われたが、結局中国はその約束を守らない。少なくとも両国で話し合い、協議をすることになっているが、中国はこの六年、一切の協議を拒否して一方的に乱開発を進めている。国の領土や海域を侵すことは国の主権を侵すことを意味し、厳しく咎めなければならない、韓国、マレーシア、ペルー、アルゼンチン、小国パラオまで、中国の漁船などの侵入には銃撃で対応した。わが国は平和外交に徹しており、まさか実力や武器は考えない、最後に残された平和的外交手段こそ国際的司法に訴えることである。国として日本はいかなる違法も許してはならない。

中国は「法治国家でない……」と言われる。政治的、経済的、軍事的には徹底した覇権主義、拡張主義である。海洋紛争はあちこちで起こす。しかし、中国とて国際秩序の中にいる、しからば最後は国際法秩序の下で、その行為の是非、善悪を決めてもらおうではないか。これが、今回自民党が取ろうとする主張である。わが国こそこの国に「法と正義」の重要さを正面から知らせる勇気を持たなければならない。

「法の支配」こそ国際平和を守る最後の良識であって、人類の生んだ最高の知恵である、と私は確信しています。私はその確信の下で、懸命に動いています。

大震災、六年目慰霊祭

3月10日（金）

東日本大震災は六年目を迎えました。悲しいことですが、起こったことは止むを得ない、この悲しみと苦しみを皆んなで乗り切っていくことです。地元でいくつも会合がありましたが、私はどこでもそのことを呼びかけました。

太宰府市主催の防犯安全大会には、被災地「多賀城市（宮城県）」から職員二名が来賓で来ていましたので、親友の「菊地健次郎市長」に激励を託しました。

3月11日（土）

荘厳「八丁峠」トンネルの貫通式

福岡県のほぼ中心を縦断する道路、国道322号線「八丁峠」道路の「朝倉市－嘉麻市」間のトンネルがついに繋がり、めでたくもその貫通式に立ち会いました。久留米と北九州を結ぶ幹線道路で、これにより人流、物流など県内の経済的発展は計り知れないものとなります。

全長三・二キロメートルのトンネル、ほぼ真ん中地点が式典の場所で、私たちは朝倉市側、壁の向こうは嘉麻市側。私ら来賓が合図に従い点火ボタンを押すとダイナマイトの轟音とともに最後の岩壁が飛ばされ、ここに無事トンネル工事が貫通しました。厳かな神事と儀式が流れるように続き、工事の平安と事業の成功をひたすら祈ります。名誉なことに、手前朝倉市側は不肖私が来賓代表、向こう嘉麻市側は副総理の麻生太郎先生が来賓代表。渡り初め儀式では両サイドが中央部まで歩き寄り、まずは私と麻生氏ががっちりと握手、両市が初めて正式に繋がりました。小川知事や県議長、

両サイドの知名氏の多くがこれに続き、ひいては万歳の大歓声が空洞内を大きく木霊しました……。

私は麻生氏の後に祝辞を述べました。一般的挨拶に加えてとっておきの発言、「大変個人的な話で恐縮」と断ったうえで、「実は私は嘉麻市で生まれ、今は朝倉市で活動しております。そういう私にとってこのトンネルの開通は、夢のような、いや文字どおり夢の中にいる思いです」とも発言して、会場に一瞬どよめきを与えました。

このトンネル建設に向けては私も懸命に頑張りました。国会では麻生事務所と連絡しながら長期にわたって予算獲得など地元運動を手伝いました。今日のような形で成果を実感できることは幸せのかぎりであります。

3月13日（月）

嗚呼、ルパング島からの帰還
旧軍小野田寛郎少尉の戦後

フィリピンのルパング島のジャングル奥には戦後盗賊が潜んでいた。村人への危害、銃器による殺傷事件もしばしば起こした。フィリピンと日本の敗残兵とは分かっていた。フィリピンと日本が合同で大規模捜索を重ねたが上手くいかなかった。

「鈴木紀夫」という日本青年が一人で山探しをしてその敗残兵と遭遇した。旧陸軍の規律を以ってすれば投降してもよいと約束したので、後日、その儀式は実行された。兵は旧上官が軍律どおり下令したのを受けて銃を降ろした。さらにフィリピンのマルコス大統領は彼への刑事責任を恩赦した。その儀式は大統領宮殿で挙行された。

かくして一九七四年（昭和四十九年）三月、小野田寛郎元少尉は旧軍人として日本に帰国した。戦争が終わって実に二十九年目、もちろん世界中が驚愕した……。

日本政府はフィリピンとマルコス政権にいたく恩義を感じ、戦時賠償とは別に三億円の経済支援を決めた。しかし土壇場でマルコス大統領はその受け取りを

拒否した、何故ならフィリピン国は単に国際道義を果たしただけであり、また小野田氏の軍律への忠誠心は新生フィリピン国民への模範足り得るもので、金銭報酬は馴染まないとした。最終的には民間の社会組織への基金造成に運用された。

　この小野田氏事案は、以後の日本とフィリピンの友好関係の増進に大いに役立つことになった。

　小野田氏はその後ブラジルに移住し農園開発に従事、一方、日本の社会教育にも大きな影響を残した。（NHK深夜放送より）

　一九七五年だったたか、私は米国ボストンに留学中、小野田寛郎氏がハーバード大学で講演されたことがある。ブラジルに移住される途中だったたか。講演後、駆け寄り握手して労を労った。氏は和歌山県の出身で、私の妻が同県人ということで、そのことも話題で盛り上がった。

3月16日（木）

自衛隊入隊者、激励会

この時期、自衛隊への入隊者を激励する会が各自治体で行われます。主催は「自衛隊家族会」、最近までは「父兄会」と呼んでいました。溌剌とした若者たちとその親御さん、就職して新しい社会に入るのですからもちろん大きな喜びと、しかし不安も交錯します。私は挨拶に立つと、入隊へのお祝いを述べたうえで必ず感謝の言葉、「自衛隊を選んでくれてありがとう」と繰り返すこととします。国を守る、防衛する、世界の平和を維持する、災害地復旧には最後まで頑張る……なんと崇高な仕事でしょう。国民とすればだから安心して暮らせるのです。目には見えませんが平和とか平穏というのはそういうものです。だから、彼らの自衛隊入隊は本当に感謝です。

　その昔、二〜三十年前、自衛隊の家族の子供が学校で虐められるという話が時々あった、一度は私の前で飲みながら泣いた人もいました。今は時代も随分変わりました。でも自衛隊の仕事の大事さ、厳し

さは少しも変わりません。この若者たちが胸を張って現場で頑張れるよう、それは私たち国民が心から感謝を持ち続けることです。

3月19日（日）

浸水被害からの解放
「高尾川地下工事」始まる

筑紫野市二日市地区で、高尾川地下工事の起工式が行われた。先立って殊の外厳かな神事が工事の安全と事業の成功を祈って行われたが、この工事がいかに困難でまた重要なものかが示されている。

県管理二級河川「御笠川《みかさがわ》」の支流「高尾川」は筑紫野市二日市の市街地を貫流する。大雨、集中豪雨となると決まって満水、しばしば氾濫し沿線の民家、店舗の床上浸水を招く。氾濫を見舞う度に、なんとか助けてくれという悲痛な陳情が相次ぐ。高尾川の抜本的解決こそ地元の行政、政治の長年の悲願であった……。

このたび国、県、市の連携の元、ついに新しい工法で抜本策が講じられることとなった。住宅密集地を流れるため、高尾川は拡幅することも浚渫《しゅんせつ》（川底を深くする）することも叶わない、しからば川底から一〇メートルの地下に太い導水パイプを埋め込み、豪雨の時はそれを通して氾濫水量を他に逃すという工法、他に例を見ない工法という。技術的にも難しいが、工事費も莫大にかかる、そこにこそ、筑紫野市と福岡県、さらに国（国土交通省）との連携が必須となる。長年の政治的闘争を経てついに起工式を迎え得たことは本当に灌漑深いものがある。古賀誠元代議士の力に負うところも大変に大きかった。

3月20日（月）

久しぶり、母校東大に

本当に久しぶり、母校東大に行きました。柔道部の四年生送り出しという行事で、昼間はOBと現役

との交流試合、夜には懇親会です。私も現役時代は懸命に稽古に打ち込み、「柔道四段位」を獲得、それなりに達成感をもって卒業したものです。

半世紀経った今も、若い学生たちの活動ぶりは変わりません。挨拶に立ちましたので、明確な目標を持って勉学に励むこと、柔道部で得た仲間こそ終生の友人である、ということを先輩として話しました。

帰路、暗くなった「赤門」の前で記念の写真を一枚撮りました。

3月21日（火）

「エルサルバドル共和国」の国会議長らと朝食会

中央アメリカのエルサルバドル共和国の国会議長と副議長が来日された。私は同国との「友好議員連盟」会長の立場で急遽朝食会を催して歓迎しました。どこの国も「国会議長」となるような政治家はさすがに立派な資質を有していると感じました。かの国は歴史的に長い付き合いを持つ「台湾」と国交を結んでおり、その姿勢は今後も変わらない、「中国」とは貿易など経済交流はしっかり続けている、と発言された。

私はこの国には七、八年前に大統領就任式に参列したことがあり、それを機に友好議員連盟を組織しました。小さい国ではありますが、中央アメリカの一大拠点として大事にしなければと考えています。

3月24日（金）

犯罪受刑者の社会復帰と「保護司」の役割

法務省福岡保護観察所と福岡県「保護司会」の研

修会に参加しました。保護司は受刑者が刑期を終えて出所し社会復帰する際に非常に大事な役割を果たします。出所者には何より社会の側の受け入れが大切で、これに失敗すると出所者が再び犯罪を重ねる危険性が高くなります。一般的に出所者の再犯率は三〇％で、かつ刑法罪の六〇％は再犯者が行うといわれるくらいです。

保護観察期間ではまず仕事、就職の世話、続いて居住状態を安定させること、結局社会全体でどう受け入れ、彼らの社会復帰をいかに支援するかが重要になります。とりわけ就職させて経済的安定を図るには地元の企業群の深い理解と積極的な協力が不可欠です。

政治の役割、国の財政的な支援も大事ですが、保護司の皆さんのご苦労が偲ばれます。概ね市町村は保護司の活動をサポートするセンターが設けてあります。

3月25日（土）

恩師監督と野球少年たち

「長い間、お世話になりました。これから僕たちは中学校に進みます。お父さん、お母さん、ありがとうございました。そして監督とおばさま、本当に長い間、お世話になりました……」卒団生はそれぞれ用意してきた作文を大きな声で読み上げ、横に立った父親からお礼の言葉が続きました。母親たちはそっと目頭を押さえていました。

毎年の行事、那珂川町の野球少年団「岩戸北ジュニアーズ」の卒団式の風景です。今年の卒団生は五人、後には三十人ほど小学生が控えています。「藤戸監督夫妻」はただ黙って子供たちを見つめています。今年は四十二年目となるそうです。

私も歳を取りました、と監督は私にそっと耳打ち

しました。

3月26日（日）

「木の総合文化（ウッドレガシー）を推進する議員連盟」発足

『ウッドレガシー（Wood Legacy）議員連盟』を発足する議連総会を議員会館において開催しました。

木の総合文化、即ち日本の森林を育て、木材を活用し、日本の木材文化や建築技術を集大成し、諸外国とその文化を交流し合う。「木育」という概念を世の中に普及させ、東京オリンピック、パラリンピックの二〇二〇年三月二十一日（「国際森林の日」）に、日本において盛大な「ウッドレガシー国際大会」を開催しよう、とする議連決議を高らかに採択いたしました。

総会には百二十人の業界関係者、四十人の国会議員、七省庁幹部（代表林野庁長官）らが出席し盛大な門出となりました。木の文化はとりわけ日本において秀でたものがあり、来賓のマイケルホウさん（台湾系米国人、国際木文化学会ＩＷＣＳ会長）の基調講演でも、日本の伝統的な木の技術、文化、さらには「木育」という精神活動にまで取り組む姿勢に大いに感激した、諸外国もしっかり学びたいとの話がありました。

本会会長に衛藤征士郎議員、会長代行に太田昭宏議員、私は「幹事長」として企画、運営など事務的な仕事を統括しました。

「木育」とは？　日本の伝統的教育は永く「知育、徳育、体育」（「三育」）と言われてきましたが、十年前から「食育」（健全な食生活を通じて健康な肉体、精神を育てる）が定着してきました。「木育」はまさに木を生活のできるだけ多くの部分に取り入れて木の持つ大自然の恵みと安らぎを私たちの人生に摂り入れようとする概念で、私は今積極的な主唱者の一人です。

4月5日（水）

駐韓大使が韓国に戻り、虚仮《こけ》にされたこと

今年一月、日韓合意を守らない韓国に対して駐韓大使を「召喚」（一時帰国）していた。「大使召喚」とは外交的には「国交断絶」に連らなるくらい重たい国家意思であって、韓国の日韓合意違反がいかに重大なものかを示している。本来ソウルの日本大使館前の像を撤去すべきところ、その後釜山の総領事館前にも新たな像を作ったというからおよそ韓国の態度は話にならない。

離任して三ヵ月、日本政府は四月四日、現下の東アジア情勢、即ち北朝鮮の度重なるミサイル実験、韓国の内政混乱、THAADに絡む中国の動きなど時機を探っていたか、このたびいきなり帰任させた。自民党の外交関係の会合でも事前に相談がなかったと議員団から大いに不満が出た。

しかるに、長嶺大使が韓国に戻り大統領（今は代行）と会おうとしたところ、韓国政府は応接を拒否した、これは大ニュースである、十分の事前打ち合わせがなかったと言うことらしい。日本も馬鹿にされたものだ、彼の国を慮《おもんばか》ってこそ急遽大使を戻したにもかかわらず、会ってやらないと言う。日本も虚仮《こけ》にされたものだ、いかに日本の外交プレスティージ（尊敬度）が低いか。慰安婦問題といい、反日姿勢といい、この国は国際倫理、国際条理の面で完全に根腐れしている。そう批判する前に日本は我が身を謙虚に見直した方がいい、もう温情など無用、俗っぽく「情けは人の為ならず」と言うことに尽きる、これは感情論ではない。

4月6日（木）

米国、シリアを爆撃

米トランプ大統領は、アサド政権がサリンなど化学兵器を使用したという理由でシリアの軍事拠点をミサイル爆撃した。トランプ氏については大統領就任早々、無定見な言動が目立っていたが、今回の行

動では一瞬大国の指導者としての片鱗を見せた。爆撃は時折しも中国の習近平国家主席との会見の真っ最中、習近平氏も驚いたろう。

　最も驚いたのは北朝鮮の金正恩である。金正恩は肝を冷やした、トランプは本当に攻撃してくる、核やミサイル実験による挑発もいい加減にしなければ、トランプならやる時はやる、あまり舐めないほうがいい。

　ロシアのプーチン大統領も肝を冷やした。シリアを籠絡《ろうらく》し、米国にも認めさせていた。当然米国を厳しく非難はしたが、それならウクライナ侵攻はどうしたと問われると反論はうまくできまいに。

世界中が驚いた、トランプ氏は決して政治の素人ではない、研ぎ澄ましたシリア攻撃がまずは世界の指導者の地位を知ろしめすことになったのか。

　日本をも驚かせた。安倍内閣も化学兵器は許さないとして、米国トランプ氏の行動を「理解する」として事実上の支持を決めた。私も当然支持する。と同時に十四年前、二〇〇三年三月、米国ブッシュ大統領のイラク攻撃も切っかけは化学兵器、核施設を叩くという論理から始まったことも決して忘れてはならない。

4月8日（土）

横浜アパホテルの起工式

　アパホテルグループが横浜に巨大なホテルを建てようとしています。二千四百客室というから日本でも最大級のもの、グループの意気込みと気迫を覚えます。祝辞の中で私は、総帥の元谷外志雄氏が、今や我が国の歴史と名誉を最も力強く発信している保守論客であること、言うまでもない実業家としての実績と合わせて、「二兎を追え、必ず二兎を得ることができる」を大胆にも実践されていることを紹介しました。

私にとって横浜は実に久しぶり、平成の初めには川崎市、横須賀市などで懸命に選挙していたこと、それゆえ、実に久しぶり、横浜市の実業界の雄藤木幸夫氏（藤木企業）ら多くの知友と再会しました。横浜も少し見ない間にいよいよ大きく発展していると実感しました。

4月9日（日）

花見、オンパレード。「たえて桜のなかりせば……」

桜の花がようやく咲きました。今年は一週間遅れでしょうか、今日（九日）こそが満開でした。

今日は朝五時の実践倫理宏正会から始まり、以後、少年ソフトボール開会式、花見三ヵ所、敬老会三ヵ所、カラオケ大会（「矢切の渡し」熱唱）、最後は事務所「新聞配り隊」花見と一日忙しい日でした。明日は雨の予想で、折角の桜も見納めです。昔の人が多くの歌を残したことがよく分かります……。

世の中に　たえて桜のなかりせば
　春の心は　のどけからまし

（在原業平《ありはらなりひら》「伊勢物語」。訳：世の中に桜の花が無かったら、春と言ってもこんなに心は騒がしくはないでしょうに）

4月9日（日）

東京都議会選挙、自民党決起大会

東京都議会選挙が近付いている。東京都政も小池知事の登場で、一方で盛り上がり、一方で混乱している。民主主義の下では常に最後は選挙が決する。全ての候補は必死、懸命である。今日は都内で都議会選挙の決起大会、安倍総理も力強い応援演説をされた。熱気も凄かった。私も友人が多くいるので、応援

に駆けつけたところ。

（六月二十三日告示、七月二日投票）

4月11日（火）

麻生派の政策パーティー、大盛会

自民党麻生派（四十五人）の政経パーティーが盛大に行われた。議員それぞれが後援組織を動員しており三千人を超す集会となった。会長の麻生副総理から元気な演説もあり、続いての懇親会も久方ぶりの人で楽しい出会いともなった。

4月13日（木）

男の涙、結婚式にて

彼は友人として祝辞に立った。小学校、中学校と本当に仲が良かった、本当に楽しかった……。話が進んでついに顔を伏して涙にくれた、新郎の晴れ姿、新婦を横においての彼の勇姿に感が極まった。「申し訳ない……」と謝っても、言葉にならない。そして新郎に歩み寄り、抱き合って二人で泣いた。会場からは割れるような拍手が。

きっと子供時代から、本当に信じ合い、頼り合い、大人になってはさらに助け合い。

新郎は私の事務所の杉田職員、親友は糸魚川（新潟県）で手広く魚屋を営む中村某君。中村君が主賓の私の所に見苦しくてと謝りに来た、私は「君らの美しい友情に感動した、杉田を厳しく鍛えてくれよ」、と激励した。

男の涙は、時に美しい。中村君は地元の糸魚川で消防団におり、昨年暮れの大火の際には大活躍をしたという。

4月15日（土）

高市総務大臣と会談

地元の「井本宗司大野城市長」が上京し、地方再生問題で議論もあったので「高市早苗総務大臣」と直接会う機会を持った。大臣は何度か福岡で公務をこなされたことがある。一度は私の選挙応援にも来てくれた。

4月16日（日）

『負けてたまるか！』後援会長「久芳康紀氏」逝く

久芳康紀先生が亡くなった。私の生涯にとって最もお世話になったお一人であります。平成七年に私は福岡県に居を移し、程なく選挙一本の生活となった。爾来この二十年、七回の選挙を戦い、お陰さまで六勝一敗、その全てで久芳先生には後援会長、役員を務めていただいた。戦いだからいい時ばかりではない、ある選挙戦、初日の出陣式、重苦しい雰囲気の中で先生が壇上に立たれた。

「負けてたまるか！」という裂帛の気合い、あの小柄の先生の何処から発せられたのか、大地を震わすような一喝だった。私はその瞬間に目が醒め、敗色の憂いが一気に勇気と自信に変わったことを昨日のように思い出す。

長い間、お世話になり、落選の落魄の時はいつもいつも励ましてくださった。

先生は地元の商工会、観光協会、自治会等々、もとより自民党地域支部の会長、役員を務められた。太宰府天満宮への崇敬の念厚く、また地方歴史家としても高く名前が知られていた。その性温厚篤実、いうまでもなく周りの信望を一身に集めておられた。

私は弔辞の最後に「先生の一番弟子」と自らを思わず呼び上げたが、偽らぬ気持ちそのものでした。先生のご冥福をお祈りいたします。

4月18日（火）

委員会審議三時間

担当の「消費者問題特別委員会」が行われた。議題は「国民生活センター法改正法案」。消費者に対する事業者の大がかりな不祥事が絶えない。消費者への被害回復の手続き、とりわけ司法手続きによる解決は近年とみに充実してきたが、その司法手続きにかかる必要経費の一部を独立行政法人「国民生活センター」に負担させることで消費者の安心、安全が一層図られる。

委員長として法案の採決は、最後まで気が抜けません。

4月19日（水）

春の園遊会

素晴らしいお天気の下、東京赤坂御苑にて春の園遊会が行われました。天皇皇后両陛下も大変麗しく、われわれに大変丁寧にご挨拶されました。私たちにこうした機会が得られるのも皆様のお陰だといつも感謝しております。

庭内の雰囲気が少しでも伝わるでしょうか。

4月20日（木）

「選挙区割り」決定

懸案の衆議院選挙の改定区割りが決定し、私の福岡五区は福岡二区の福岡市南区から老司、弥永など一部地域を受け入れることになりました。私にとっては多少意外でしたが決まった以上は正面から取り組まなければなりません。人口は新規分約三万人を加えて合計五十四万人、県内では一番大きな選挙区となり、それだけ責任も重いということ

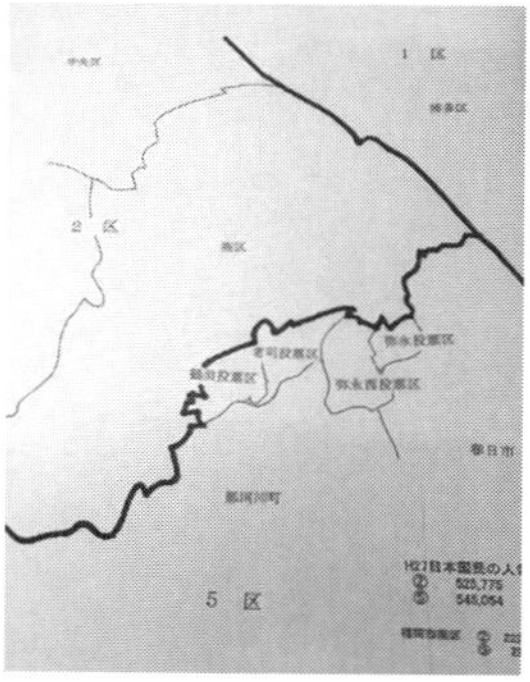

です。
新規の地域では全く新しい活動が始まりますが、まず私の顔と名前を知ってもらうことが最初です。皆さま、どうぞよろしくお願いいたします。ご友人のご紹介、地域の引き回しなど、また地元の会合などに呼んでいただくとありがたいと思います。

4月24日（月）

新著発刊、「法の支配を守れ——中国を国際仲裁裁判所に訴えよ」（その一）

このたび、『法の支配を守れ』を発刊しました。
私は様々な政治分野で活動していますが、そのことを比較的筆まめにネットで公開しています。政治家としての考えを知ってもらうことで世の中に役立ちたいと思っています。政治家として選んでいただいているのですから黙っているわけにはいきません、世の中を正しい方向に進めて行くことに努力するのは当然の義務であります。
今回は自身十冊目の出版になります、基本的にはこの一年の言動をまとめたものに過ぎませんが、同時にその期間最も主張すべきこと、中国問題、韓国問題には心血を注ぎました。とりわけ中国の覇権的膨張主義には徹底した論陣を張っています。是非皆様に広く読んでいただければ幸いです……。

主権と平和は「法の支配」で守れ
中国の違法開発を「国際仲裁裁判所」に訴えよ
定価１４００円（税別）出版しました。
是非、書店にてお求めください。

❖東京　新宿紀伊国屋書店新宿本店
（０３・３３５４・０１３１）
❖福岡　ジュンク堂書店福岡店
（０９２・７３８・３３２２）
❖その他ご連絡は、事務所まで
（０３・３５０８・７１９７）

4月25日（火）

『中国を仲裁裁判所に訴えよ』

新著（その二）

中国がわが国にとって最も大事な国であることは言をまたない、この国と将来とも長く友好関係を続けなければならない。ただ現在の中国の対外政策をそのまま認めることでは決してない。中国は今政治、軍事、外交、近年では経済、金融までも通じて、徹底した世界覇権を目指している。南シナ海への侵出には国際的な批判が高まっており、フィリピンとの間の「国際仲裁裁判所」判決がその違法性を明確に示した。

東シナ海問題も深刻で、このところ中国の蹂躙《じゅうりん》は目に余る。尖閣諸島はわが国固有の領土であるが、中国はほとんど連日、領海、接続水域に侵入しておりその常態化は今や覆うべくもない。いわゆる中間線を挟む豊富な油ガス資源への一方的開発は、明白に国際法に違法する行為であって、わが外交ルートでは、首脳会談も含めて厳重抗議を重ねてきたが、中国は止める気配がない。両国の間に綿密な合意がありながら、それが全く無視されてきた。これら国家主権を侵す行為は見過ごすことはできない。

日本の中国への外交政策は特に慎重に行われている。万が一にもリスクを冒すまいとする政治的配慮と、戦後の歴史認識議論につき必要以上の外交的遠慮につなげている。仮にも主権を侵され外交的遠慮や自己抑制につながるとしたら、それは日本の国際的評価を下げ、国民の自信や誇りを傷つける。言うべき事は徹底して主張すべきであって、ましてそれが国家の主権に関わるのであれば、当然に明確な意思表示をしなければならない。

なぜ北朝鮮の「拉致問題」が全国民の大運動となっているか。被害者横田めぐみさんらは断固として取り戻さなければならない。彼女らへの人道上、人権上の配慮は貫徹すべきであると同時に、拉致問題は北朝鮮による国家犯罪、日本の国家主権が犯されているから赦せない犯罪であって、国家主権が犯されることの重みは東シナ海での数々の違法行為に対しても同じく国民的怒りをぶつけなければならない。

私は今回熟慮の上、また渾身の政治的勇気を奮って中国の違法行為を国際司法（国際仲裁裁判所 International Arbitral Tribunal）に訴えよと提唱した。国と国は軋轢《あつれき》があれば先ず外交で折衝し、解決する。外交ルートで主張、警告すべきである。しかしある時は実力で解決する道もあろう、軍の衝突であれば、それは国防問題だから自衛隊が出る、そうでなければ警察権で解決する、ある時は武器、武力で解決するのもやむを得まい。それが主権というものである。現に韓国もマレーシアも、インドネシアも、アルゼンチンも、パラオ共和国まで中国の漁船や民間船を実際に銃撃し、撃沈させ自国の領海を守ったという歴史がある。わが国も同じことをやるべしと強い誘惑にもかられるが、それは平和主義に徹するわが国の能《よ》く取る方針ではない。結局我慢し黙認するという選択、数百億、数千億の海上保安庁や防衛省の予算を増やして防備態勢を強化することも大事、しかし本来主権に基づく日本の主張を徹底することこそ大切なことであって、しからば法に則《のっと》った、国際法に則った方式こそが最後に残された平和的手段となると考える。

そもそも今の日本が例えば国連海洋法条約上の当事者として中国の違法性を訴えうるか。訴訟とは双方の法律解釈論である。与えられた法制度、国連海洋法条約をどう解釈するかである。少なくともこの一年、自民党内で、外務省、法務省、法制局らと懸命な検討を進めてきた。米国のライクナー国際弁護士を含む多くの学識経験者の助言も受けた。「法理的には十分訴える価値がある」との意見に落ち着いた（ポール・ライクラー氏は米国人で、フィリピンー中国の南シナ海仲裁裁判においてフィリピンを完勝に導いた国際弁護士である）。

「いったい、勝てるのか」という質問を受ける。全力を尽くせば勝てる、いい加減にすれば負ける、と答えるしかない、あのフィリピンでも完勝したではないか。およそ訴訟とは勝つことを目指して死力を尽くすことなのだ。

最後の質問、たとえ中国は判決が出ても守らないだろうから意味がない、という意見、そこで思考が止まる。ライクナー弁護士は「中国も判決には従う、仮に判決を無視したらそれは中国自身の自殺行為であって条約上の全ての権利、義務を失うことになる」と強い言葉で断言される。

国際訴訟とは労力、コストと時間と大きな不安を伴うものであって、そもそもそのリスクを冒す価値があるのか。中国の反攻も考えられる、大きな外交リスクも出てこよう。しかし国際司法とは二国間の交渉、協議では埒《らち》の開かない利害関係を第三者、国際社会で裁くことであって、中立の裁判官、公開の法廷、さらには国際社会の良識と常識で両国の主張の是非を判断してもらう。わが国も当然その判決に従う。

さらに欲を言えば、共産党一党独裁の政治体制の中、中国では「法治主義」ではなくむしろ「人治主義」に多く依っているといわれる。内政に関わるつもりは毛頭ないが、今回の訴訟提起で「法の支配」思想が国内で広まることで中国が政治的、社会的にいささか近代化するための刺激になってくれることを期待する。

今世界は北朝鮮の核、ミサイル開発につき、トランプ米大統領と金正恩氏との一挙手一投足に耳目が集中しており、またその政治ダイナミズの中では中国こそ北朝鮮を抑え得る切り札として、米国も日本も大いなる期待をしている。今、その中国を相手に事を構えるのは得策でない、と多くの人は問う。しかしこの瞬間も中国の資源開発ドリルはわが主権と国益を深海深いところで侵し続けている。世の中の目立つ動きがいかんであれ、われわれは自ら立った基盤と国家を守り抜く行動を躊躇《ためら》う必要はない、さもなくば、事が起これば常に自らのを抑止するという悪しき習慣に戻ってしまう。

4月27日（木）

〈四季の心〉

人に会うときは、春のように暖かい心で
仕事をするときは、夏のように熱い心で

物を考えるときは、秋のように澄んだ心で
自分を戒めるときは、冬のように厳しい心で
（私の目指している心です）

5月3日（水）

「憲法改正二〇二〇年に」「九条も改正」安倍首相明言

憲法記念日の今日。安倍首相が「憲法改正を二〇二〇年までに施行する、その際憲法九条に自衛隊条項を入れる」と明言された。これは極めて歴史的発言であって、私たちはもちろんそれを大歓迎する。

長い長い憲法議論の中で、国民はまさにこの瞬間を待っていた。

午後、福岡市において憲法施行七十年周年記念に当たって県民集会『美しい日本の憲法をつくる福岡県民の会』が行われた。私は来賓の代表として「まさに憲法9条抜きの改正などあり得ない、政党間の確執を理由にそれを避けようとする動きもあるがそれは許さない」とあいさつしたばかり。帰宅後テレビで安倍首相の発言に接し、大いに意を強くしたところ。

5月3日（水）

北朝鮮を抑えよ（その一）

北朝鮮の暴挙、核やミサイル開発に対する米国トランプ大統領の安全保障対策は評価する。さすがの金正恩もトランプの本気度を無視するわけにはいかなくなった、四月二十九日の中規模ミサイル実験（失敗）も意図的ではないかと思わせるほど、事態は政治的になってきた。米原子力空母カールビンソンの日本海滞留に象徴される軍事的睨み合いはしばらく続くことになる。

わが国も最高度のアラート体勢を組みつつも、しかし過度に怖れるべきでない、米国が先制攻撃をしない限りは北が撃つことはない。きっかけが何であれ起こる被

害の大きさは、（百万人「火の海」は別として）お互い人的被害は想像を超えるものがあり、トランプでも金正恩でもそれを理解しないわけではない。偶発をこそ恐れるべき、結局米朝の政治的駆け引きが延々と続くことになる。

わが国はしっかり米国の後方支援に徹すること、今こそ一昨年の「安保法制」の成立が安倍内閣の先見性として想起されるべきで、「米艦防護」（米国の艦船を自衛隊が後方支援する）など、実はこの時のために作ったものといえる。

今後とも世界は北朝鮮に振り回されるが、特効薬はない、この国を包囲して抑え込む粘り強い国際協力こそ何より大事となる。

5月4日（木）

北朝鮮問題（その二）「対中依存」に注意せよ

北朝鮮を抑え込むに中国の役割が大きい。北朝鮮対策には米国トランプ大統領が懸命に強硬策を繰り出すも決定的な解決は見つからない、結局中国が北朝鮮を抑止することに頼るしか方法はないのか。だからトランプ氏は中国の習近平氏を持ち上げる。フロリダでの首脳会談でも、以後何度の電話会談でも中国に北朝鮮圧力を依頼する。お願い、懇願ともなってきた。今や米国は中国に対しその他のものを譲歩してでも懇願するとなってきた。経済、通商では中国に譲歩せよと公然と言うし、軍事では南シナ海で米第七艦隊勢力を弱めそのすきを中国海軍が拡張している。

私の最大の懸念は常に中国の動きにあるが、五月三日期せずして、「対中依存に気をつけよ」という新聞記事（産経）と、「北村淳」という軍事学者の講演でも、全く同じ危惧の指摘があった。

トランプ氏はいかにも明るく元気が良い、そして分かりやすい。直感には鋭いものがある。しかし彼は政治にも外交にも経験と蓄積のない、いわば素人である、側近も育っていない。商売ならこれを譲ってあれを取るという取引、dealはあり得るが、国際政治は見るほど簡単ではない。ましてや、相手が中国、何千年の権力闘争を耐え抜いてきた中国となれば、それは半端でない。習近平氏は一言も喋らない、何を考えているのか全く見えてこない。トランプ氏は全て喋る、ツイッターまで毎日書く。これで勝負になるはずはない、という懸念が実は私の本音である。

敢えて言う、私は今回東シナ海の資源問題で「中国を国際司法に訴えよ」と五年来主張し、ようやく自民党内をまとめた。「日中間が折角静かな折りに何を言う」と激しい反対も受けた。しかし、世がトランプだ、北朝鮮だ、と大騒ぎしている時も、彼の国は今日もまた、この瞬間もまた、尖閣諸島に侵入し、貴重な石油資源を侵食してわが主権と国益を、静かにかつ着実に、侵していることを忘れてはならないのだ。

5月5日（金）

無形文化財「山家岩戸神楽《やまえいわとかぐら》」

筑紫野市文化団体芸術祭で「岩戸神楽」を鑑賞しました。岩戸神楽は十七世紀中半から地元山家地区に伝わる伝統芸能で筑紫野市唯一の「無形民族文化財」です。山家地区は今でこそ鄙びてきましたが、江戸時代には長崎街道、筑前六宿の中心的宿場町として黒田藩城主らの参勤交代など多くの人々が行き交いました。写真「神楽殿」は山家宝満神社にそのまま残っています。

5月7日（日）

安倍首相の勇気を讃える憲法改正発言を支持する

五月三日、憲法記念日に安倍首相が憲法改正について思い切った発言を行なった。「新憲法は二〇二

〇年に施行する、第九条については概ね「加憲」とする」。

「加憲」とは第一項「戦争の放棄」及び第二項「戦力の不保持、交戦権の否定」は基本的に変えない、しかし第三項を新しく加えて「自衛隊」の存在を明記、国防、自衛のためには自衛隊が出動するという考え。

一項、「戦争の永久放棄」には異論はない。

二項と新三項ついては大いに議論があろう、矛盾とも言える法律的、字義的問題を内在する。二項で「戦力不保持」といいながら新三項では「自衛隊を持つ」、しからば「自衛隊は戦力でない」ということの説明の是非。「交戦権否定」ということと「自衛のための戦争」は矛盾ではないか。いずれも自衛隊を認め専守防衛という今の日本の現実をそのまま認めた上で、字義や法律的には大いに議論を巻き起こす。

「神聖なる憲法条文に頭から基本的矛盾を持ち込むのか」と批判する者もたくさん出て来よう。

私の意見。私は長い苦悩を経て不満は残るが、この案を支持する。というよりこれしか方法はないと思っている。理想は二項を削って新三項を書き込むことであるが、それは今の日本では直ぐには絶対に通らない、国民投票で通る見通しも立たない。だから今回の九条改正は諦めてその他項目で先ず改正を試み、いずれかの時点で改めて九条改正に臨む（「二段階論」）という考えが出てきてもおかしくない。私はこれを拒否する、何故なら、戦後一貫して「憲法改正」とは「九条改正」議論そのものであって、それを避けることはことの本質から逃げることになる。政治論で行くと、この機を逃せば多分、永遠に九条改正はできない。

安倍首相は勇気を奮って発表した。自民党内でも議会内でも、世間や学会内ではもちろん、この議論は実はほとんど行われていない、議論はしても収れんするに何年かかるかわからない。それを打ち破ったのが今回の安倍発言である。

「二〇二〇年施行」と日限を切った。このことで憲法議論は一気に加速される。これから党の内外騒然たる議論が始まる。国民ももはや自分のこととして議論に参加することになる。

私は安倍氏の歴史的勇気を讃えたい。

5月9日（火）

視覚障害を乗り越えて、叙勲

福岡県朝倉市の「小西恭博」さん、八十二歳。福岡県盲人協会会長やマッサージ協会会長で春の叙勲の栄に輝きました。地元では仕事もばりばりですが、何よりそのリーダーシップが凄い。健常者に対してもいつも力強い励ましをかけてくれます。私などどれほど助けてもらったか。

今日の皇居で天皇陛下ご拝謁の際、何と陛下が直々に近寄り有り難くも手を握っていただいたとのこと、「温かく、肉厚のお手であった」という秘話を教えてくれました。奥様への感謝をいつも口に出されます。

5月11日（木）

トランプ大統領、FBI長官を解任

トランプ大統領がFBI（米連邦捜査局）のコミー長官をいきなり解任した。

この問題では、私が「日本で一番」詳しいかも知れない。多少の自負がある。

昨年十一月九日、アメリカ大統領選挙でトランプ氏が当選した。その瞬間、私はこれはFBIの影響が決定的に大きかった、と断じた。何故ならコミーFBI長官は十月二十七日にクリントン候補のメール問題を「刑事捜査する」と発表、クリントン候補はそれまでの圧倒的な（七％）支持率差を一気にゼロとした。

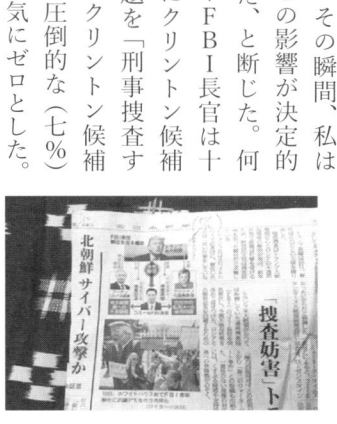

投票日二日前に同じコミー長官が「再捜査せず」と言い直したものの時すでに遅し、トランプ氏が「大逆転で」当選を果たした。私はただ、選挙投票直前での刑事捜査発表などあり得ないとFBIを非難したもの。（なお、本件、読売新聞社主渡辺恒雄氏が全く同趣旨で詳細に分析されている。「文藝春秋」本年四月号）

民主党オバマ大統領は最後の力を振り絞って、この選挙にはロシアの国家的サイバー攻撃があったと、その裏に共和党の手引きで民主党クリントン攻撃もあったことも摑んで、昨年十二月末ロシアの外交団三十五人を国外追放した（この措置は米露国交断絶に近い）。

一方、大統領就任（一月二十日）前後のトランプ氏はロシアとの友好関係を考えて、サイバー問題を不問にした。トランプ大統領の信任を受けてコミー長官は再任された。ロシアのサイバー攻撃は決して止まない、遡って大統領選挙やクリントン陣営への攻撃が段々と明らかになってきた。コミー長官は生真面目にもロシアの米国へのサイバー攻撃、ひいてはトランプ大統領との関係を本格的に調査（捜査）し始めた。

コミー長官は大統領予備選挙中の昨夏七月にクリントン候補のメール問題について刑事捜査しないと発表していた。今回の解任はその時の不手際、司法省との意見衝突などが口実とされている。実際にはトランプ大統領が自らの対露関係が捜査対象となっていることを嫌ってのものではないか、というのが専らで、むしろ事案を隠蔽、「捜査妨害」したとの批判が起こっている。

司法が政治的に中立、政治からの独立は民主主義国家では最も基本のことであるが、米国ではニクソン大統領（当時）が盗聴事件を捜査する特別検察官を解任したことがある。「捜査妨害」との反発からニクソン弾劾、辞任に発展したこともある（ウォーターゲート事件。一九七四年）。

司法と政治の衝突は日本では起こりにくい、米国とは大分異なる。議院内閣制と大統領制の差に関係すると私は考える。議院内閣制では政権（内閣）は議会にその足場を依拠しており、議会のチェック機能が大きい。これに対し、大統領制では政権への議会チェックは間接的で、次の議会選挙で勝つことなどが影響する。日本でも造船疑獄事件に関連して法務大臣指揮権発動問題が起こったことがある。一九五四年。

トランプ大統領とＦＢＩ長官（その二）

5月13日（土）

昨年の大統領選挙以来、私は以下のことを言わんとしている。よその国の大統領選挙ではあるが、そこでの真実を伝え越しておくことは、いずれは日本の政治にとっても意味を持つとの信念で取り組んでいる。

大統領選挙の最終盤で、ＦＢＩのコミー長官がメール問題で刑事起訴の有無を公言したことは選挙結果に大いに（決定的に）影響した。日本なら選挙そのものの成否につき大議論が起こるところ。選挙が済んで驚いたことは、内外の全てのメディアや論者が、「実は密かにトランプ氏の当選を予想していた。」と臆面もなくトランプ当選を受け入れたこと。

一方、負けたクリントン氏は立派であった。基本的に愚痴をこぼさない、報道では一度だけ選挙直後に、「私はコミー長官に殺された」と激しく非難した。そして今回、コミー長官解任を聞いて、「あの十月二十七日（メール問題で再捜査するとのコミー長官発表）の前日が投票日だったら、私が大統領になっていただろう。」と珍しく悔やんだ。彼女は終わったものをいくら足掻《あが》いても、何も変わらないということを分かっている。

オバマ大統領は、多分クリントン氏の敗戦に責任を感じていた。在任中の最後の仕事として、ロシアの国家犯罪、メール事件とサイバー攻撃に対して証拠を明確にしてロシア外交官三十五人を国外追放した。プーチン・ロシアとトランプ大統領は奇しくもこれを不問にした。

さて私は、トランプ大統領を選んだアメリカ国民の神聖な選択にいささか異を唱えているわけでな

い。私も圧倒的大多数と同じくクリントン氏当選を当然に予想していた。一方、本音では共和党トランプ氏のイデオロギー、対外政策、さらには実業人としての経済政策に魅力を感じその当選をこそ密かに期待していた。

そのトランプ氏が当選し、確かに世の中は劇的に変わった。全く異質の経済政策、安全保障対策、外交政策と世界中の耳目を一身に集める。刮目すべきことも多く見る。しかし同時に、その発想や動機や行動が全くに不規則で予測不可のところ、とりわけ衝動的、感情的とも取られかねない行動に対し、米国の最高指導者として本当に大丈夫かという懸念を日増しに募らせる。ＦＢＩ長官解任も「疑惑隠蔽」という基準からすれば、実はウォーターゲート事件どころではないとも言われており、むしろこれから大統領と向き合う米国の議会、メディア、民衆の力量こそが試される。

トランプ氏にとっての本当のライバルは、金正恩氏ではなく、習近平氏であり、プーチン氏であることを忘れてはいけないのだ。

5月14日（日）

慟哭の碑「二日市保養所」の慰霊と学習会

五月十四日はその「慰霊の日」となっています。今年はより多くの人々の参加のもと、しめやかに慰霊の祈りが行われました。「水子供養」と銘打たれていますが、「水子」とは何と悲しい響きでしょうか。

続いて場所を移してこのテーマの学習会（「二日市保養所を語り継ぐ会」）の発足会が行われました。代表の下川正晴氏（もと毎日新聞）の趣旨説明も広く深いものがあり、遠く群馬や京都からの出席者、発言もあり、私も「この歴史を正しく伝えていくことは地元、二日市関係者としての責務でもある」とあいさつをしました。歴史にも隠された形で五百を超える堕胎《だたい》が行われたこと、福岡「博多港」こそ満州、朝鮮からの引き揚げ一大拠

点であったこと、さらに遡ると、そもそもあの戦争とは何だったのかということにも思索を広げていくことになります。

5月15日（月）

岸田外務大臣との会談

東シナ海における中国の違法な油《ゆ》ガス資源開発につき、自民党の決議書を直接岸田外務大臣に上申した。安倍総理には三月末にすでに申し入れを終えている。決議書に曰く、二〇〇八年六月締結の現「日中合意」を強化する見直し、かつ「国際仲裁裁判所」へ訴えることの準備を開始することを内容としており、大臣からは本格準備に着手すべき旨の回答を得た。

併せて、北朝鮮問題、日韓慰安婦合意の堅持、米トランプ政権の外交姿勢等について意見具申した。陪席は委員会事務局長簗和生衆議院議員。

5月15日（月）

医療と政治、日本医師会会長「横倉義武氏」のこと

国の医療制度は国民にとっては最も大事な政策分野であり、医療、保健、年金、介護といえば、国の福祉政策を大方網羅することになります。私は幸いにも若い頃、（旧）厚生省の「政務次官」を一年半務めたことで、この分野も得意分野として政治活動をしています。

医師会はその中でも最も大きな役割を果たしている組織のひとつでしょう。私も様々な形で医師会との交流を続けています。「横倉義武氏」は現在「日本医師会会長」としてしっかり組織を引っ張っておられます。当然ながら政治との関わりは深く、私たち政治家との接触も比較的多いようです。先日は超党派の議員会合で、また今日は自民党の早朝会議（朝七時三十分から）に出

席されて、その立場をしっかりと発言されています。

なお個人事で恐縮ですが、横倉氏は私と高校（修猷館）同クラスで、昔から仲良しでした。「持つべきものは友」というわけで、公私どれほど彼に助けられたか分かりません。

横倉氏はこのたび「世界医師会会長」に選出され、今度は地球上の全ての人々のために飛び回ることになった。友人として彼の活躍を心から誇りに思います。

5月17日（水）

杉原《すぎはら》千畝《ちうね》「命のビザ」

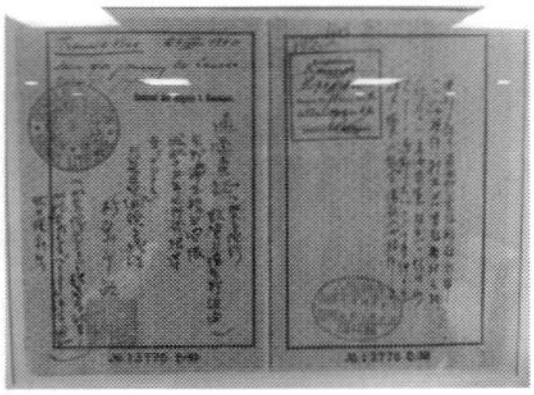

第二次大戦時、リトアニアの領事館職員「杉原千畝」はナチスドイツの迫害から逃れようとするユダヤ系ポーランド人を国外に逃がすために日本向けのビザを懸命に発給した。その行為の多くは外務本省からの訓令違反とされており、その後外交官の地位を逐《お》われた。出国させたポーランド人は二千人に上るという（外務省大臣室控え室に掲額されています）。

5月18日（木）

米国知日派ケビン・メヤー氏と

「ケビン・メヤー（Kevin Mayer）」氏と久方ぶり旧交を温めた。メヤー氏は昔、国務省の外交官として日本に赴任、米国大使館に勤務、福岡県の総領事、沖縄県の総領事、国務省に戻って「日本部長」まで務めた。気が合ってよく行き来した。沖縄の総領事の時、本を出版したが、その一部表現が沖縄県民を傷つけたとして政治問題化したこともあった。その後東北の大震災では米国を代表して「ともだち作戦」の現地指揮を執り、災害の避難、援助に奔走

した。実に生粋の親日派。
二人の会話は当然に広く国際情勢に及んだ。日米、北朝鮮、米中、様々議論はあったが、トランプ政権の行く末への懸念は共通するものがあった。トランプ大統領の情報管理やFBIとの確執など、まさか弾劾まで行くことはないだろうが。

5月19日（金）

旧友を悼む「君は『難病対策の親』」

旧友の坂井隆憲君が亡くなった。佐賀県出身、衆議院には平成二年に初当選、私と当選同期、旧大蔵省を出て、同じ官僚出身、同じ九州ということで、仲が良かった。みんなから「りゅうけん、りゅうけん」と呼ばれ人気者だった。お互い選挙には弱く、上がったり落ちたり、若い頃は共に苦労した。十二、三年目頃、彼に大きな災難が降りかかった。事務所の揉め事や政治資金問題で身辺が慌ただしくなり、ついには司直の手に落ちた。議員も辞めた。

彼は、社会福祉政策を専門に活動していた。ある時、私のところに来て、「原田、俺は難病問題に取り組みたい、難病患者の苦しみを解決する、手伝ってくれ」と言う。私は、お前が言うのならもちろんだ、と返し、以後彼の下で難病対策、難病議員連盟の組織づくりに奔走した……。

そして彼無き後、残された私が中心となり津島雄二先生を引っ張り出し、難病議員連盟や難病全国組織の基礎を作りあげた。現在の国の難病政策にはいささか寄与したという自負につながっていく。

坂井は刑に服して、音信不通が長く続いた。そしてある日、刑務所から私に電話が入った。坂井が病に倒れたという、その日が実に彼の出所の日だと言った。長い療養生活で彼は結局聴力を失った、それでも私とか細い交流は続いていた。そして今回突然の訃報となった。

彼にとって、無念の最期だったかもしれない。悔いの残る人生だったかも知れない。それでも私は呼びかける、「りゅうけんよ、辛かったろう、悔しかったろう。でもお前が目指した難病対策は、しっかりと進んでいる。多くの難病者が俺のところに来てくれる。俺はいつもお前のことを話している。坂井りゅうけんこそ『難病対策の親』だと」。

好漢坂井りゅうけん、静かに眠れ、合掌。享年六十九歳。

5月20日（土）

対馬（長崎県）に渡る

対馬にてライオンズクラブ大会があり、その出席のため島を往復した（片道約四十分）。対馬は韓国と超近接しており安全保障上の問題があると言われるが、今回は島内を見て回る時間はなかった。大会での来賓挨拶では、北朝鮮のミサイル、核開発に触れた上で国の外交、安保政策に十分注意すべきこと、国境離島対策に地元出身「谷川弥一代議士」らが国会では懸命に頑張っていること、などを報告した。

5月21日（日）

「親子の絆」横須賀柔道大会にて

「ひのまるキッズ柔道大会」のため横須賀市を訪ねました。「ひのまるキッズ運動」とは、武道たる柔道は体育技能を鍛え精神力、忍耐力を向上させることを目指していますが、さらに加えて「日本人として誇りを持ち、親子の絆、社会への感謝」にも重点を置く青少年活動です。私はその主催者の「永瀬義規氏」に熱く共鳴して本格的応援をしています。今日は全日本柔道選手権者「王子谷剛志選手」も来賓で来ていました。

さらにここ横須賀市は私の政治の原点で、昭和から平成の十年間、懸命に選挙活動をしたところです。今回実に多くの人々と再会を果たすことができました。今は亡き「猪熊功先生」は特に懐かしい思い出で、式典挨拶ではこの地横須賀から偉大なオリンピック金メダリストが生まれたことを子供たちに

話しかけました。

選手宣誓は必ず代表の「親子」で行います。

5月21日（日）

『行動しよう　消費者の未来へ』全国消費者シンポジウムにて

消費者庁主催「全国消費者シンポジウム」（全国消費者大会）にて、議会代表（衆議院消費者特別委員長）として挨拶。私が強調したこと。近時、「エシカル消費」という概念が拡がり始めた。英国、ドイツなどから来たもので、同じ消費につなげるなら、

生産者は環境、福祉、貧困、生活の格差などに資するような物を作り、また消費者もより「賢い消費者」になるという概念。エシカル（ethical）はエシックス（ethics= 倫理、道徳）から来た言葉で、生活が豊かになるに従い安全、安心に加えて倫理性、道徳性をも高めようとする運動。

5月24日（水）

「テロ等準備罪」法案、どこが問題か

テロ等準備罪を含む「組織犯罪防止法改正案」が衆議院を通過して参議院に送付された。「国際組織犯罪防止条約」（ＴＯＣ）に参加するには国内法を作って担保することが必要、過去には「共謀罪」として検討されたが今回それをさらに厳格に規定して「テロ等準備罪」とした。テロ等準備罪の成立要件は三つ、「組織的犯罪集団」が「重大な犯罪の計画を話し合い」、その「実行準備に着手する」こと。一般普通の人が対象となることはない、二百七十七の犯罪のうち具体的に犯行計画を話し合い、その犯罪を実行するための準備行為に着手した段階で捜査の対象となり得るもので、ただ飲み会で冗談言ったり、ただ森林の中にキノコ採りに行ったりで、捜査の対象になるなどあり得ない。

野党は「計画の話し合い」や「準備」とか犯罪の

構成要件が曖昧なため、警察は前広に捜査を開始する、これでは国家（警察）が常時国民生活を監視する社会になるなどと反論する。極論をもって一般化し、また法律名を専ら「共謀罪」と決め付けるが、「名は体を表す」、これは世論への「印象操作」であって、およそ正しく法を解釈しようとする姿勢が見られない。一方当局とすれば、捜査開始に至る要件を、「捜査の可視化」も含めて、慎重かつ謙虚な法運用に努めなければならない。

なお英国のマンチェスターでは痛ましい劇場テロが起こり、二十人ほどが亡くなった。

（写真は、衆議院周辺の反対運動）

5月25日（木）

「発達障害」にはさらに行政支援を

「発達障害」という障害があります。医学的には広義の精神障害と隣接するが、いわゆる自閉症やアスペルガー症候群の症状を持ち、成人しても閉じこもりや性格異常で社会生活に溶けこめない。就学、就職しても長続きしない。先天性もあれば、幼少期の生活環境の中で重症化する場合もある。

しかし医療行為を継続しつつ正しく組織的な生活支援を施すことで社会復帰することは決して不可能ではない。支援センターへの行政支援を一層強化し、例えば「障害者手帳」をきめ細かく工夫することで、発達障害者がより自信を持って社会に出て行くことになる。実に今年四月から「発達障害者支援法」が施行され、この分野の対策が格段に強化されています。

今日は自民党の専門委員会で二人の支援施設の現場責任者から懸命の努力と実績を聴取し、その厳しい実情と問題点を理解しました。政治と行政の役割が依然として大きいというのが今日の結論です。

5月26日（金）

太宰府と歴史文化の研究

太宰府は「古都」として有名です。遺産、遺跡に恵まれているのみならず、そこに行き交う歴史情報とその蓄積は他を圧倒します。『太宰府文化懇話会』とは民間の歴史研究組織ですでに六十年に亘って活動を続けており、現在は不肖私が会長を担っています。

今日の例会では先ず天満宮本殿での正式参拝で心身清めた上で、天満宮歴史主幹の「味酒安則」氏から幕末の太宰府を中心に熱い講演を頂いた。来年は明治維新から百五十年、その前年に徳川幕府の大政が天皇に奉還された。

なお今、福岡県は筑後の藩主「立花宗茂」の歴史を次のＮＨＫ大河ドラマに売り込もうと懸命に運動展開している。宗茂は若き頃父「高橋紹運」と共に太宰府の岩屋城などで戦した。この太宰府がまたテレビドラマの舞台になると夢は大きく膨らんでいく。

「江戸を見たけりゃ太宰府に行け、太宰府は今に江戸になる」と当時謳われていたそうです。

5月27日（土）

人類がＡＩ（人工知能）に負けた日

「その時、柯九段は対局室から離れ、別室でむせび泣いた」という。柯九段とは今囲碁では世界一と目される中国人、その彼が、Google製囲碁ソフト「アルファ碁」との世界戦で三敗と完敗した。

識者は言う、「人間とＡＩの対決は区切りがついた」（王九段）。井山裕太六冠も「ＡＩ対人間の勝負は決着した」と目の前の現実を受け入れた。しかし、「人間対人間の価値が変わるものではない。人間には心理

があり、極限の状態での心理の闘いには、依然と気高い価値が有る」と纏める。

私は囲碁と将棋、両方を少しずつ嗜む。幸いにも、人類とＡＩの、この歴史的瞬間に立ち会うことができた。目の前が暗転したことも、しかしようやく井山六冠のように精神的安定を取り戻したことも。

こういう話を聞いたことがある、人類よ泣くな、走ることだって、結局、汽車や自動車に負けたではないか、飛ぶことなど最初から飛行機に叶わない。皆んな、君たち人類が創ったもの、悦んでやれよ、と。

5月28日（日）

出版記念パーティー、何故私は文章を書くのか

「出版記念」と称して福岡でも政治パーティーを開かせて頂いた。大枚をはたいての会合で、毎度心苦しい行事ですが、多くの皆様にご支援頂いています。「出版」といっても、普段書き留めている文章をまとめたもので、あるいは世の話題にならなくても、持てる力は懸命に果たしているつもりです。

私は生来、文章を書くことが好きでした。日記みたいなことはよく書きます。ある時、書くからには世に公開しよう、と決意しました。自分の考えを世に公開すること、それは議員としての大事な仕事のひとつだと考えるようになりました。政治家ですから、世の中に少しでも政治的影響を発揮したい、さらに、特に若い人たちには、政治家や年長者が何を考えているかを知ってもらうことで、善し悪し、多少でも学ぶことがあればと思っています。誰しも公開できないことはありますが、かなりの本心は書いています。あそこまで書いて大丈夫かと聞かれることもありますが、最後は、読んでくれた人の判断に委ねることにしています……。

そして忘れてはならないこと、パソコンという「情報革命」の恩恵無くしてこれだけ瞬時に、物を

書けば人に伝わることはあり得なかった。改めて人類の技術の進歩に感謝しなければなりません。

5月29日（月）

C型肝炎陳情団と神に祈る

薬害C型肝炎関係者が大挙して陳情に来られました。皆さまとしっかり話した上で、これからの協力を約束しました。最後には、室内にある（私の個人的）神仏に皆でお祈りをしました。私はいつもこれらの神仏に護られています。

5月30日（火）

PKO南スーダン派遣施設隊任務終え

PKO（国際平和協力活動）の「南スーダン派遣施設隊」が帰任し、その帰任の儀式「隊旗返還式」が防衛省（大講堂）で行われた。稲田防衛大臣に隊旗が正式に返還され、安倍首相からの式辞も感動的なもので隊員一同、防衛関係者の労も労われたと思われる。出席の我々も強い誇りを覚えた。この活動は都合五年四ヵ月、施設隊は十一次、延べ約四千人の隊員が南スーダン独立後の道路、橋梁、インフラ整備など平和構築、国土建設に当たった。一人の人身事故もなく、規律を正しく守り、所期の目的を達した。南スーダンはもとより国連や国際社会からも高い評価と賛辞を受けている。最後の部隊では平和安全法制で新設されたいわゆる「駆け付け警護」の任務も導入された。

思えば自衛隊の活動も変遷を重ねてきた。日本の自衛隊が「PKO」として海外で活動することになったのは一九九二年（平成四年）で、私の当選一期目のとき。国会内外

における法律（「国際平和協力法」）制定の凄まじい与野党攻防には身を以て関わった。爾来、平和維持問題では今日の「平和安全法制」、「テロ等準備罪」など常に与野党は激突を繰り返してきたが、わが自民党の思想とそれを具体化する政策は基本的に正しかったということに改めて感じ入った。

（記念写真では、田中隊長を挟んで首相、防衛相、二列目には私も見える）

5月31日（水）

「テンプル大学」〈日本校〉三十五周年記念パーティー

米国「テンプル大学」〈日本校〉ができて三十五年となる。日本には綺麗に溶け込み、今や米国流の本格的大学として高い評価を受けるようになった。すでに卒業生も数万人を送り出し、これから大学キャンパスもさらに拡大される。

二、三十年も前に、我が国には外国の大学が競って流入したことがある。一時期には二十くらいの外国大学が作られた、しかし結局皆が撤退した。文部省始め日本の役所に規制が多過ぎるのが撤退の原因だといわれているが、その中にあって耐え抜いたのが今やテンプル大学だけとなった。いうまでもない、その教育指針と社会的信任に確固としたものがなければ、学校経営なぞ永く続くものではない。

十年を越す期間、学長としてのBruce Stronach（ブルース・ストロナック）氏は大学組織の強化のため懸命に働いてきた。日本の教育政策の中、国際人を育てる本格的高等機関としてテンプル大学の果たす役割と期待は大きい。実は私も縁あって、学校のために多少の世話を果たしてきた。政府や省庁との橋渡しなど、例えば学生の通学定期券の「学割」取得なども手間のかかる仕事だった。

そのストロナック氏とは実に四十年以上の付き合いとなる。私が米国ボストン（タフツ大学）に留学中、同級生だったのがストロナック君で、ある時、

主任教授に指名されて二人でウィスコンシン州に半月ばかりの研究出張に出かけた。行った先が米国に進出したばかりの日本の「キッコーマン醤油」工場。今やキッコーマン醤油はアメリカ人生活でも必需品になっていると聞く。

（写真は、黒柳徹子さんもご来賓）　**6月3日（土）**

『表現の自由』につき国連関係者との討論

「国連特別報告者」と称してデービッド・ケイ（David Kaye）なるアメリカ人学者が来日している。そのケイ氏を自民党の情報委員会に急遽招請し、対話集会を開いた。冒頭私から日本の主張を述べた上で議員団との活発な議論が展開された。意思の疏通は図られたが、所詮は言いっ放し、聞きっ放しで、議論は並行線に終わった。

ケイ氏は約二年かけて日本の人権、政治状況を調査しこのほど日本の「表現の自由」について報告書を出そうとしている。テーマは、表現の自由、放送法のあり方、政治デモの規制、選挙運動の法規制、テロ等準備罪、沖縄基地返還運動、慰安婦の歴史認識など凡そ広範、政治色が非常に強いもの。

その原案は最終段階にあるが、いまだ偏見や誤解に満ちた内容にあり、私たち議会も懸念している。我が国は外務省を通じて、細かく指摘して原案の修正や改廃を強く迫っているが、埒があかない。さすがの官房長官も再々に注意している……。

ケイ氏は言う、あるいは逃げる、自分は単なる報告者であって、国連という組織は代表していない、大小全て事実に即して記述している、意見の相違についてはホームページに併記しているので、読む人の判断に任せたい……。

なお、自民党の会合の後には左翼系の思想家集会で相当に盛り上がったと聞いた。

かくして世界は国際的な情報戦争の中にある。日本は情報戦争にいつも後れを取って

いると言われて久しい。他人を非難する前に自らの不徳を省みることも重要であって、国連に深く巣食う中国、韓国らの反日情報活動にいかに初期段階から手を打つかにかかっている、というのが議員団の共通した反省と慚愧《ざんき》でもある。

6月4日（日）

『自転車は地球を救う』

国会の超党派「自転車推進議員連盟」主催の統一行動「皇居一周」を果たしました。自転車の利活用を積極的に広めていくことは、健康にも良く、環境にも優しく、エネルギー節約、交通混雑にも役立つ、など良いことづくめ。この議員連盟が中心となって様々に自転車活用に向けての政策提言を行なっており、また昨年には「自転車活用推進法」という法律も成立させました。

六月五日は「国際環境デー」。素晴らしい晴天の下、先ず国会中庭で記念写真など出発式を行なって、あと正門から一斉に駆け出しました。大方は専門的ユニフォームと競走用自転車と本格的ですが、私もその場で急遽参加を決意しました。貸し出し用の自転車（ママチャリ）を借り、上着を脱いで、ヘルメットを着けて、ラインに遅れないように元気にペダルを漕ぎ始めました。皇居一周というのは初めてですが、四十分余り、無事完走、久しぶり良い汗をかきました。自転車は「車輌」ですから車道を走るのが法規則であって、大型トラックを含む一般車輌と並列しながら本物の車道を走るのは相当の注意が必要だ、ということを改めて実感しました。

なお、私はこの「自転車推進議員連盟」では副会長を務めていますが、その歴史は古い。平成十年（一九九八年）頃、先輩の「小杉隆」先生から声をかけられたので事務局長として議員連盟活動を始めました。小杉先生の情熱は本当に熱いものがあり、私も一緒に付いて回った。その後先生はご引退、しかしこの縁あってその秘書「小林成基」さんは今に

至ると国の自転車政策の最高の権威者として活動されている。

第一回国会統一行動には『自転車は地球を救う』とスローガンを掲げた。（二〇〇〇年十一月）

6月5日（月）

徳島県へ「消費者庁」移転か 驚異的！「上勝町《かみかつ》」

所属する委員会（「消費者問題特別委員会」）の徳島県への公式派遣に参加してきました。国の大きな流れの中で、東京一極集中を排除して、地方創生、地方への権限配分が進められていますが、例えば文部科学省の文化庁を京都府へ移転したりほぼ決まっています。内閣府の「消費者庁」を徳島県に移動できないかも大事な段階にきています。

消費者庁については七月にその準備事務所（「消費者行政新未来創造オフィス」）を立ち上げ、三年間を実験的実証期間と位置付けて様々な検討を加えて、しかる後に最終的な決定を行うこととしています。今回の視察はそのオフィス設置の最終的準備段階を視察に来たものです。徳島県知事らとの会談、事務所施設の内覧を含む県内の多くの消費者関係者と接触しましたが、消費者庁の全面移転に向けて県民挙げて頑張っているという印象を強く受けました。

また併せて、上勝町にも訪問し、全国的に有名になった二事業。

①「葉っぱビジネス」日本料理を美しく彩る季節の葉っぱ、花弁、山菜を作ることで大きなビジネスになっており、高齢女性を中心に農協事業として大成功をしています。

②ゴミゼロ運動（「ゼロウェイスト事業」）家からは一切ゴミを出さない、自分でステーションまで運ぶ（自家処理）、ゴミ収集車は全くない、ステーションにて常設のリユース（不用品の提供、交換）な

ど、驚くべき事業に町中で取り組んでいます。などを見学しました。全国他の自治体でも大いに参考になるものと感じました。

6月8日（木）

弁護士事務所と私

私の事務所の奥谷義満君（弁護士）の結婚式があり、事務所の面々がその門出を祝いました。皆で写真を撮るのは久しぶりです。

私は細々と弁護士事務所（「原田国際法律事務所」）を運営して十年を超えました。私は政治一本の生活を続けていますが、実は誰しも議員は、政治事務所を維持するのが経済的には大変なのです。浮き沈みが極端に激しい生活であって、月々の議員手当てと後援者の浄財だけでは十分にやっていけないのが正直なところです。選挙時や、ましてや落選でもしたら、一日と続けられない過酷なものがあります。

平成二十一年に落選した時、私を支えてくれたのは弁護士事務所です。若い弁護士の応援を得て組織を強化しました。どだい私自身があまり法律や訴訟の研修や実戦経験が無く、その分弁護士陣と事務職員が懸命に頑張ってくれました。私は法律事務所には時々顔を出し、また営業的業務には力を尽くしたものです。

なんの社会でも生きていくことは大変なことです。人生とは『重い荷物を背に負って遠い道のりを歩いて行くが如し』といみじくも喝破したのは、かの徳川家康だと言われています。私にはせめて事務所の諸君に心から感謝するくらいしかできません。

6月11日（日）

あの戒壇院でのコンサート

初夏の新緑が映える中、名刹「戒壇院」にて音楽コンサートが開かれ、しばし至福の瞬間に浸りました。銘打って「菩提樹の下で」。「戒壇院」とは奈良時代に唐僧「鑑真」が開いたもので僧尼の修行する、戒律を受ける寺として、ここ太宰府（観世音寺）、奈良（東大寺）、栃木（下野薬師寺）とともに「天下三戒壇」と称される。仏さまの樹とされる「菩提樹」が大事に保存され世の平安をこそ祈っています。

6月12日（月）

人は何故、雨を祈るか「戒壇院コンサート」（その二）

コンサートの合間にご住職から心に浸むお話（仏話）を聴くことがありました。

この日は素晴らしいお天気でした。人は皆晴れの日は喜ぶ、雨が降ると嫌な、困った顔をする。「晴れ男」と言われれば胸を張り、「彼は雨男」と呼ばれれば、つい肩身が狭くなる。

しかし、実は、古今の仏教典のどこを探しても、晴れの日を祈る経文は一つもないそうです。雨を祈る、「雨乞い」の経文は至る所に出てきます。晴れは放っといてもやって来る、雨は乞い祈らなければやって来ない。雨の日にこそ真実があり、困ったなと思う時こそ、実は本当の幸せがあるのです。だから人は昔から雨の降ることばかりを懸命に祈ってきたのです。

6月13日（火）

「山元学校」とは「現代の松下村塾」！

「山元雅信」氏は市井の人でかつ偉大な宣教師である。国境を越えて若人たちを、平和と繁栄、幸福へと導こうとされる。「山元学校」は私塾「松下村塾」、「郷中教育」の現代版、開講二十年、すでに二万人以上の受講生を送り出した。

本日、八木下重義氏「地震は予知できる」には強い感銘

を受けた。「東日本大震災、熊本大地震」を止めることはできないが被害をなくすことはできる。
（一般社団法人地震予兆研究センター）

6月14日（水）

徹夜国会、会期末には恒例に

いよいよ国会も会期末となりました。いつもの風景とはいえ、民進党ら野党が内閣不信任案を上程し、日付が変わって深夜に記名採決、終わったのは二時三十分。投票の与野党差は一対三にも及ばず、本当なら採決するまでもなかった。一方の参議院の方は、いわゆる「テロ等準備罪」に絡む法務大臣、委員長らの問責決議の手続きで翌朝の八時頃までかかった。

これら国会手続きの非合理性についてはいうまでもないが、「議事妨害」（filibuster）というのは、弱い野党が強い政権与党に対してルールの限りを尽くして抵抗することで、何処の国にも存在する。いわば、議会主義が健全に作用していることの証しともいえる。野党にだけはなりたくない、と最も強く思う瞬間でもある。

6月15日（木）

カナダ・オンタリオ州にも反日運動

カナダ・オンタリオ州議会では、中国系住民を中心に「南京事件記念日」を制定しようとの動きが活発になってきた。五月中の州議会では法案審議は間に合わなかったが、九月からの会期には当然本格的な審議が行われる。市街での千人規模のデモや資金集めなど市民運動も強く後押しをしているようで、我が国としては早めにしっかりと対応しなければな

らない。今回は自民党有志の十五人の名前で州議会の責任者宛て、強い反対意見書を送付した。

これは、国際社会でいかに反日運動が広がっているか、国際的情報戦争に圧されているかの事例である。毎度モグラ叩きみたいなことを重ねても埒が開かないのであって、本来は日本の国家国益を踏まえた総合的な情報発信政策が何より必要ということを痛感する次第である。

6月16日（金）

「三連水車」と「山田堰」
朝倉市驚異の治水事業

この大事業は、江戸時代、約二百二十年前に起こされました。筑後川は昔から暴れ川でしたが、その水を農業用水として活用し広く地域の発展に結んだのが「山田堰（ダム）」と「三連水車」でした。この壮大な土木事業とそれを産み出した先人たち（庄屋「古賀百工」ら）の知恵、血の出るような努力、その集結力、持続力に現代人はただ驚くのみです。その偉大さは時代を超えて、地域遺産として未来に向けても生きていきます。またこの事績と技術は今や遠く国際的にも評価され東南アジアなど途上国の開発発展に大きな影響を与えています（「ペシャワール会」、「中村哲医師」らの努力も）。

今日は、その山田堰から三連水車を結ぶ「堀川用水」の通水行事が厳かな神事とともに行われました。皮肉なことに今年は田植えの時季を迎えて強く渇水の傾向にあり、神事祝詞にも雨乞いの祈りが入りました。

なお、十年前、この一帯は国の『疏水百選』に選ばれ、三連水車はその「全国名鑑」の表紙まで飾りましたが、私も農水省、国交省辺りに強く働きかけたことがありました。

追、この場所は、斉明、天智両天皇がご来臨されたとする史実、伝承が残っており、地域の観光資源となっています。

6月17日（土）

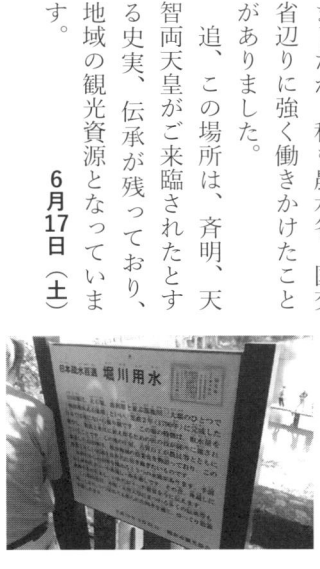

世界から、元気な子供たち

私は「(財)国際青少年研修協会」という教育組織の会長を十年ほど努めています。この任務では普段と違った刺激を受けて、自らの活性化にも大いに役立っています。この会は四十年の歴史と実績を持ち、すでに三万を超える外国と日本の子供たち(概ね、中学生まで)を相互に行き来させて、国際交流、国際理解を進めています。一度私も外国に引率することになっていますが、いまだ果たせません。

インドの子供たち、非常に高い階級の子供たちで、全員がイギリス型の寄宿舎生活、反応の速い子ばかりでした。シンガポールの子供たち、日本語学習をしており、会話は半分日本語で通じます。浜松市で二週間ほど中学校に通ったが、数学など易しかった、という。

6月20日(火)

次世代の原子力エネルギー「溶融塩炉《ようゆうえんろ》」(MSR)、盛大な学習会

使用済み核燃料を食い潰すとされる次世代の原子力エネルギー「溶融塩炉(Molten Salt Reactor)」を学習する会を開催した。私たち議員(最高顧問額賀福志郎、森英介、会長山本拓、幹事長原田)が世話人として出席、政府からは文部科学省、資源エネルギー庁、環境省ら、経済界からは経団連、電気事業連合会、各電力会社、また研究者、学者も多く出席し、総勢二百人以上の大規模会合となった。

国のエネルギー政策の中で原子力エネルギーが重要なことは理解されているが、六年前の東日本大震災以降、使用済み核燃料の処理など多くの問題点が噴き出してきた。ついては国のエネルギー政策のうち「原子力エネルギー」の位置付け、将来の見通し等につき専門の学者(電力中央研究所「木下幹康」

教授、東京大学「寺井隆幸」教授）の講演を聴いた。次世代の原子力エネルギーとして「溶融塩炉」が多くの長所を持ち非常に有用であり、すでに米国と中国の研究開発が大きく先行しているが今からでも遅くない、わが国も早急に本格的対策が必要であるとの方向となった。これによりわが国の原子力分野の蓄積と人材の継続的育成が十分可能となるとの期待も謳われた。

合わせて元文部大臣、元東京大学総長の「有馬朗人」先生から今日我が国の科学技術教育の相対的低下が危機的状況にあり、「溶融塩炉」などの先進的分野の研究開発の加速化、実用化が極めて重要であるという力強い演説も添えて頂いた。

最後にこれらの思いを決議文に託し、会の総意として自民党、政府へ訴えた。

「社会を誹謗、暴言から守ろう」韓国、社会運動家の来訪

6月21日（水）

韓国の社会運動家の（関）ビョンチュル氏の来訪を受けた。ミン氏は韓国の非常に著名な教育学者でこの十年、「善プル運動」という社会運動を広く国内で展開しています。他人を汚い言葉で誹謗、中傷しない、ヘイトスピーチをやめる、誰とでも優しく付き合うという生活指導を中心としており、とりわけインターネット社会では匿名の書き込みなどで人を非難し傷つけることが横行、そのことでタレントが自殺したなどの事件も時々起こる、それらをやめさせ、明るく健康な社会を作ることを目指しています。

日本人の性格は一般的にもっと穏やかで、お互い傷つけ合うことはあまりない、ただ日本でもヘイトスピーチ規制法が成立し、ネットの書き込みなどもすでに社会問題化しています。「善プル運動」の目指す道徳的価値はしっかり認め、私が日本人の代表として積極的に応援することを約しました。

韓国は大統領も変わり、新しい時代を迎えようとしています。日韓間には慰安婦、竹島など一方で大きな政治問題もありますが、社会レベルや人間レベルで交流を進めることは大変重要なことです。あとは居酒屋に場所を変え、おそくまで人間関係を深めました。

6月22日（木）

ミャンマーの実業家と「感謝の気持ち」

ミャンマーの若い実業家が事業の相談に来ました。国内開発において日本の援助協力が必要ということで、私は全力で取り組むことを約束しました。大きな夢を抱いて懸命に努力する姿は、先進国の我々には新鮮で胸を打つもので、むしろ学ぶことこそ多いと感じました。アウン君とウー君二人は日本語も立派に習得しており、両国の発展に向けては大いに活躍するものと思います。

二人には、著書に私の座右の銘『天恩地恵』を揮毫して、励ましたところです。

（私たちの人生は、全て「天のご恩」と「地の恵み」に支えられている。感謝の気持ちを持って毎日を努力することが大切である）

6月23日（金）

大学生と学習会

選挙投票年齢が十八歳になるなど政治年齢が低下しており、議員もその流れに遅れてはなりません。地元の事務所に大学生が集まってくれたので、私が人生訓を少し話した上で、天皇退位、憲法改正、テロ等準備罪、北朝鮮問題など最近の政治経済問題を説明、続いて活発に質問や意見のやり取りをしました。日本史では武士の幕藩体制と天皇制とが何故両

立し得たのか、テロ等準備罪と共謀罪との違い、日本は移民政策をどうするかなど鋭い質問も出て、自分にとっても大いに学習の場となりました。若い人々は独自の世界観を作っています。

6月25日（日）

国際的焼き鳥店「権八」

インドからのビジネスマン、マルカスさんに誘われて東京の焼き鳥店「権八・西麻布」に行った。二百人も入ろうかという三層建ての店内、焼き鳥、天ぷらはおろか寿司もめん類も出てくるというあらゆる品揃え、お客の三分の二は外国人というのがまた珍しい。その昔、小泉首相がアメリカのブッシュ大統領を連れて来たということでも有名、確かその時テレビで見たような記憶がある。

6月27日（火）

「医療過誤」について、「医療未来の会」

『医療と薬品の未来を語る会』の月例講演会、休まず続けて十五回目になります。群馬大など最近の医療事故を踏まえて「医療過誤と訴訟」というテーマで専門の「井上清成」弁護士の講演を受けました。医療過誤問題ではマスコミ報道の大小が社会問題になるかどうかに繋がるというユニークな認識を示された。

6月28日（水）

Wood Legacy（木の総合文化）議員連盟総会

四月に立ち上げたWood Legacy議員連盟の総会を盛会に行った。

十を超える木工関係業界が政治や政府に持つ意見や要望事項をヒアリングしたもので、それらを今後の議連の運動に結びつけていくものです。

冒頭、私（幹事長）からは、二〇二〇年の国際森林デーに「国際大会」を日本に招

致しよう、「木育」の普及で日本人の人生を豊かにしよう、日本の高度な木の総合文化（レガシー）を国際的にも発信しよう、政府への働きかけを強めよう、などと発言し会議の方向を示しました。夢ある政策を推進することは大変楽しいことです。

6月28日（水）

アパホテル「国会議事堂そば」ホテルの竣工式

アパホテルが国会議事堂そばに新ホテルを建てるが、その起工式が行われた。五百室、地上十七階というから他を圧する規模を誇る。私は何度もの式典に同席したが、グループの勢いは実に驚異的である。元谷代表（社長）は東京のど真ん中にどうしても欲しかったと述懐された。「外国の国賓級は別のホテルに泊まられる。アパホテルはその随員たちを目指す、随員の方が数は圧倒的に多い」と経営哲学の一端を答えられた。

6月29日（木）

ユネスコ「世界記憶」への登録を目指して

「通州事件」や「慰安婦問題」をユネスコ「世界の記憶」（「記憶遺産」）に正しく登録しようとする動きがあり、一方でユネスコ事務局の手続き、運営面に問題が多く、わが国も戦略的活動が必要であるとの結論に達した。

（自民党「国際情報検討委員会」）

6月30日（金）

平成二十九年（二〇一七）後期

「憲法改正」にむけて 地元の憲法改正講演会

憲法改正議論が自民党本部を中心に加速化されてきた。五月三日「憲法記念日」で安倍首相（自民党総裁）は「憲法九条に自衛隊条項を加える、二〇二〇年中には施行する」と発言した。これは衝撃的かつその起爆力は比類なきもので、その後の国政における憲法改正議論を方向付けた。地元においてもさらにその議論の場を広げて、きたる日（たとえば国民投票）に備えなければならず、今日は大野城市にて講演会を開いた。

7月2日（日）

都議会選挙、自民党大敗 小池知事派圧勝

七月二日、都議会議員選挙は小池知事派の「都民ファースト」が圧勝し、自民党はほぼ三分の一への議席減という歴史的大敗を喫した。政府自民党の強権政治と、森友、加計問題などの処理、閣僚、議員の不祥事、失言などが一斉に顕在化したというのが専らの論評である。敗因がいかんであれ、負けた選挙は戻ってこない、あとはその上に立っていかに態勢を立て直すか。「安倍一強」と言われて久しいが、それを許してきた政治家全てに責任があると自省しなければならない。

7月3日（月）

「政治の安定」を目指す 新派閥『志公会』結成

麻生派、山東派など政策集団が合併して新『志公会』を結成した。麻生太郎会長は「数を目指すのではない、保守本流の意識を持ち政治の安定こそ重

要、いかなる経済政策も政治の安定、継続性、予測可能性なくして国民の期待に応えられない。安倍内閣の中核を担う。」と挨拶された。

小選挙区制が導入されて二十余年、政党間の健全な政権交代がもはや期待できない以上、自民党という保守政党の中で、健全な政策闘争と政権交代を繰り返す、よって安定した政治を続けることで国民に最大多数の最大幸福を提供することができる、というのが新政策集団の理念と説明される。私たちはその理念に同意して新派閥に馳せ参じた。

折しも東京都議会選挙で自民党が大敗した翌日、この日の結成大会を政界や経済界、およそ世の中がいかに認識したかは分からないが、自分たちは気力が内から漲ってくるのを覚える。

7月3日（月）

外交の舞台、福岡県産のお披露目

外務省の肝いりで在京外交団と各県の現況アピール、県産品お披露目パーティーが行われる。今回はわが福岡県。地元から県知事、県議長らが大挙上ってきて、世界中の外交官と大懇親会、ゆっくりできれば大いに酒食も楽しめたろう。

7月4日（火）

外交二題、北朝鮮とロシア

北朝鮮のミサイル実験が止まらない。四日の発射はロフテッド方式、二七〇〇キロ以上の高度に打ち上げ水平八〇〇キロ、日本のＥＥＺに達した。この技術では水平五〜六〇〇〇キロにも及び、アメリカ本土アラスカには達すると見られている。核弾頭の開発も進んでいる。

日本及び国際社会は非難する、抗議する。が、聴く耳なければ効果はない、経済制裁も実効性は期待できない。

北朝鮮の核、ミサイル開発はどうすれば止められるか、正直誰も答えられない。

北方四島の「日露共同開発」について、政府調査団の報告があった。昨年十二月の「安倍・プーチン首脳会談」で決まったこと。「共同開発」とは四島を両国合同で開発していくこと、しからば両国の主権をどう調整するのか、どちらの法律を適用するのか、基本的なことは全てこれから決めるらしい。

私は敢えて発言した、「首脳会談以降、『領土返還』の言葉は全く聞かなくなった。あの瞬間も何度か指摘したが、果たして日本は領土返還の主張を引っ込めたのか。昔はなまじ開発に協力すると、領土交渉は却って遅れるという危惧もあった……」と。

もちろん答えはなかった。

7月5日（水）

山元学校誕生日パーティーとシリア大使の涙

四日夜『山元学校』の「山元雅信氏」の誕生祝いが賑やかに行われた。山元氏は長いことかけて、本当に多くの人材、国際的人材を育ててこられた。私は挨拶に立つと「山元学校こそ現代の『松下村塾』、何百もの人材を世の中に送り出された」と紹介しました。彼は誰かれをいつも平たく、大切に扱われる、決して威張らない。輪の中にいる彼を見れば人となりは直ぐに分かります。

外国女性は中東シリアの駐日大使ワリク氏。シリアは今、大変に難しい国です。このたび「日本・シリア議員連盟」を結成したと報告したところ、会場全体が祝福と大歓声に包まれました。われわれには小さいことですが、困苦

にいる人々にとってはこんなに大きな喜びがあることに気付きました。

7月5日（水）

地元の朝倉市、東峰村、記録的集中豪雨

台風や梅雨前線が重なったのか、福岡県の相当地域、とりわけ朝倉市や東峰村に時間一〇〇ミリ、半日で六〇〇ミリを超える集中豪雨が発生しており、河川氾濫、崖崩れや家屋浸水などが発生、その危険性が高まっています。ほとんど全市、全村が大雨特別警報により学校、公民館などに避難しています。

私も東京に用事を抱えながら、急遽、福岡地元に戻って来て明日の地元視察に備えているところです。

7月5日（水）

記録的豪雨「朝倉市」と「東峰村」

朝倉市の記録的豪雨。七月六日、およそ半日、被災箇所を具さに見て回りました。馴れ親しんだ風景のあまりの変わりようには言葉を失いました。

日頃は枯れた川々に轟々と水音が響き、植わったばかりの稲田は広大な満水で覆われ、植樹園の樹木と苗床は全て押し流され、個々人の住宅の座敷は一メートルの高さまで畳が浮き、通行止めの道路には巨大な材木が散乱しなんと山の木々が根こそぎ流れついたもの、小さな橋は川に落ち、中学校の校舎は土台がえぐられ大きく傾き、旧家の邸宅はついに山土砂に圧されることになったり……。

その先、東峰村にはついに道路途絶で行くこともできませんでした。人間の営みが大自然の前には

いかに無力なものかを知った瞬間でもありました。
今日は一日中、テレビもラジオも「朝倉市」と「東峰村」と「福岡県」の災害報道に費やされました。道を走る赤い消防車の多くは他県、他市からの応援ということが分かります。自衛隊も黙々と活動している様が報道されます。午後には東京・自民党本部にて緊急検討会が開かれたので、私からは当面の現場調査を速報としてファックスしておきました。

7月6日（木）

豪雨被害「東峰村」

七月七日、朝から再び被災地へ。朝倉市役所と対策本部には、国の松本内閣府災害担当副大臣が来ており、小川県知事、森田朝倉市長らと総出で現況の分析と意見交換、要望活動を行った。その後市内各地の住民避難所を訪問、被災地の視察を行った。
私は単独で迂回ルートを使って「東峰村（宝珠山地区）」に辿り着いた。被災の規模と度合いは、また一層厳しいものがある。道路は分断され、電気も切れ、通信網も宇宙衛星を経由しての運用、水の供給も止まっている。自衛隊の協力こそが不可欠となっており、小倉や飯塚の部隊から三百余の隊員が任に就いている。
同村小石原地区にはいまだ道路は復旧せず。雨は断続的に降っており、この週末もいまだ要注意という……。
これだけ多くの被災箇所と一気に接触すると、その異常さに無意識に慣れてくる。自然災害は「大自然の怒り」とも言われる。災害を瑞々しく受け止める謙虚さこそ、政治家には常に必要なことである。

（被災者訪問、小川県知事らと）

7月7日（金）

国交大臣来訪、視察と対策

大水害も五日が過ぎる。政府から続々と要人が来

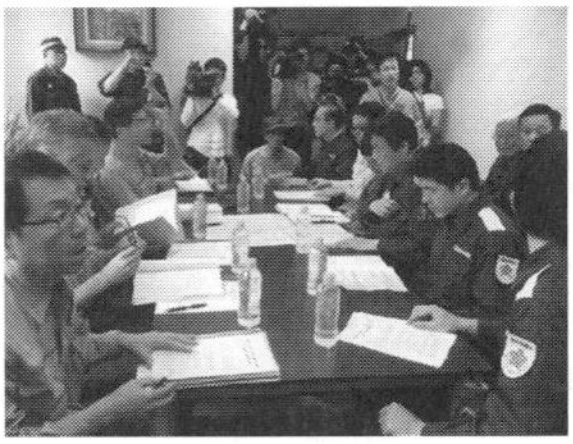

訪、私も対応に忙しい。石井啓一国土交通大臣が多くの職員と共に朝倉市と東峰村の対策本部を訪問、市長、村長らとしっかり協議を重ねました。私はこれらの情況を踏まえて政府、自民党本部と調整をいたします。

朝倉市：石井大臣対森田市長、私ほか……。
東峰村：石井大臣対渋谷村長、小川県知事、樋口県議長、私ほか。

7月9日（日）

安倍首相、十二日に来訪

自民党本部（東京）に戻り、二階幹事長ら関係役員に朝倉市、東峰村の現状と問題点について報告をした上で、今後の国の対策等について指示を受けた。合わせて自民党福岡県連からの陳情を受けた。

二階幹事長からは「激甚災害の指定は直ちに行う」と明言を受けた。なお七月十二日（水）に安倍首相、十五日（土）には二階幹事長が福岡県と被災地を訪問される。

7月10日（月）

災害避難者の疲れ、憤り

今被災地では、一千人余りの人が家を離れて二十ヵ所の避難所に分散している。

避難生活も一週間経つと当然、疲れが出てくる、特に高齢者にとっては暑さと疲れと精神的重圧で身体を壊す人も出てくる。要人たち来訪者も、その都度何ヵ所か避難所を訪問して皆さんを激励するし、避難者もまたそれを糧に元気を取り戻す。

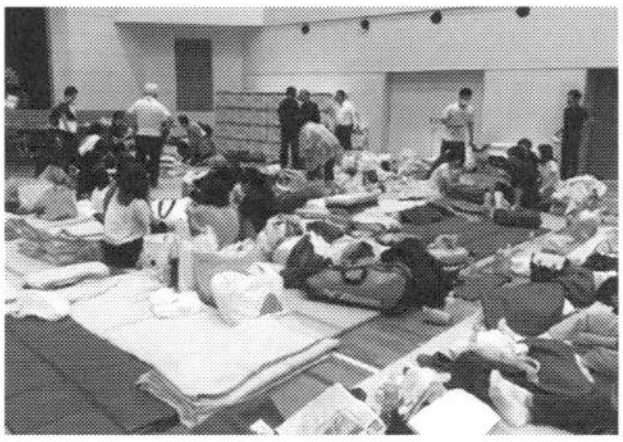

ただ事態は単純でない。避難所の中には、疲れやストレス、精神的不安で感情が高ぶり、ついわれわれ訪問者、顔見知りの顔を見ると爆発させる人もいる。

「来るのが遅い」から始まり「道を早く治せ」、「壊れた家はどうしてくれる」、「あれほど工事しろと言っていたではないか」、次々と不満が出てくる。抑えきれない気持ちを聴くのも大事なことである。彼らの多くは家も土地も失っている。彼らの辛い気持ちを分かることが特に重要なことである。

避難生活はこれから長く続く、恐らく架設住宅の議論も早晩出てくる。彼らの生活と将来をどうするか、最も困難な問題はいまだ緒にも就いていない。

7月11日（火）

山本有二農林水産大臣来訪

山本有二農水大臣が来訪され、地元の農林関係者を激励された。朝倉市の誇る「三連水車」も水路ともども壊れ果て、背後に広がる一面の田植え後が豪雨に浸かっているところを視察してもらった。大臣にはこれからの復旧対策をしっかり約束してもらった。

山本氏とは国会では特に仲が良く、事務所に直々の激励電話をくれたところ、その思い遣りに感激する。

隔絶されていた東峰村「小石原地区」にもなんとか入ることを得た。甚大な被害を目の当たりにして今後の対策に思いをめぐらしたところ。

7月12日（水）

安倍総理、視察
「激甚災害には直ちに政令指定する」

安倍総理が朝倉市、東峰村に入られ被災地を具に視察された。地元幹部との意見交換も進んだ。避難所においては被災者たちを丁寧に労われた。最も激しい被災現場では犠牲者に黙祷を捧げた上で具に視

察された。

記者会見において「激甚災害法による地域指定は直ちに行う」、「地方交付税の交付は繰り上げして行う」の二点を明言され、自治体の財政負担軽減に配慮された。

現職総理がこの地域に来られるのは初めてで、被災地全体にとって何よりの激励になった。私は「農業被害の復興と対策」について特段の発言を行った。総理から私へは名指しで頑張るように指示された。

7月13日（木）

麻生副総理と県庁訪問
「地球環境の変化も自然災害の原因か」

麻生太郎副総理（財務・金融大臣）と福岡県庁を訪問した。県知事、県当局から改めて朝倉市、東峰村災害の情況説明を受けた上で政策的陳情を受けた。さらに自民党、農政連等県議会関係からも陳情を受けた。これらの意見や陳情を踏まえてこれから国のサイドの政策や予算編成に取り組んでいく。

今回の大被害復旧に関しては単に「原状（元の状況への）復旧」というものでなくはるかに高度な「改善復旧」が必要であることについては国の側も異論はなくなった。その際「日本の気候も、地球規模の環境変化に沿って、最早『モンスーン型気候から亜熱帯気候』に完全に変化したという基本認識が必要である。それは森林の環境変化にこそ最も顕著であって、流木、流倒木が今回の被害を悪化させたことに表れている。森林政策が変わらなければ、今後の自然災害は止められない」。これは麻生副総理の発言であって、その慧眼《けいがん》には敬服する。

また個別には朝倉市を流れる「桂川」補修が長年

の懸案であったが、今回の水害でその重要性が再確認されたので早速に本格的に取りむことととする。

7月14日（金）

党本部への報告

県庁訪問の後上京しました。自民党本部での「災害対策本部」に出席、二階幹事長ほか党幹部及び関係各省に対し福岡地元の現状と要望等を報告して、さらなる対処をお願いしました。

あえて防災服を着用して東京組に緊張感を与えてみました。

7月14日（金）

稲田防衛、世耕経済大臣来訪

豪雨災害発生十日が経つ。道路、河川、家屋など被災の直接現場も少しずつだが、着実に整理整頓が進んでいます。しかし関係者の苦労もむしろこれからが大変で、政府、自治体の総合対策にもさらに期待がかかります。

要人の来訪も続きます。いずれも政府の「現場主義」に沿ってきめ細かい対策を目指そうというもの、各省庁とも懸命です。今日は「稲田朋美防衛大臣」が数千を超える被災地支援の自衛隊員を督励するために、また「世耕弘成経済産業大臣」が被災の商工業関係者の実態を調べるために来訪されました。私はいずれにも地域代表として同席したところです。

7月15日（土）

二階自民党幹事長、来訪

朝倉市、東峰村の豪雨被災に対し自民党の二階幹事長が来訪、巡回された。安倍総理ほか各省大臣もすでに政府の立場で視察されたが、与党自

民党の幹事長としての立場はまた一層重いものがある。両市村での現場視察と意見交換は緊張に満ちたものであり、幹事長からは、激甚災害法の指定、人命の捜索、道路河川の改修、原状復興から改善復興、流倒木対策、桂川対策などいずれもてきぱきと方針を示された。地元の人々も大いに元気付けられたと思われます。

7月16日（日）

中国公船が福岡沖領海を侵犯、政府は厳しく抗議せよ

中国の公船（監視船）が福岡沖の領海を侵犯した。かつて無かったことである。福岡沖二海域をしかも数時間滞留した。日本は外交的には「抗議」とせず「関心表明」という手続きに留めたという。軍艦でも領海を通過することは「無害通行」なら許されることに配慮したらしい。しかし、そもそも中国の公船が何のために、日本は今九州豪雨災害の非常時にあり、その隙を狙ったともいえる。東シナ海では常態化する尖閣諸島、海洋資源への領海侵入を考えてもこの領海侵犯が意図的なもので「無害」なものであるはずはあるまい。まず偶然を装い外国の領地、領海に入りその国の反応を窺い、頻度をエスカレートさせ、ついには実効支配や政治策動を目指すというのが中国の歴史的な常套手段であって、「中国の意図が分からない」などと言っている場合ではない。

私たちは今、災害対策や政権の支持低迷に直面しているが、内政がどうであれ、いやこういう時こそ、国際政治の非情さは露骨に出てくるものであって、この際政府は大使を呼んででも大抗議をしなければならない。

7月18日（火）

急遽カナダに渡る。「オンタリオ州の反日活動」と「国連の水害対策会議、出席」

私は今、カナダのオンタリオ州トロント市に来ています。元々は一週間ほど前来る予定でしたが、地元の朝倉市、東峰村の豪雨災害のため予定を変更

し、最後は行くか行かないかで大いに悩みましたが、結局は当初計画を実行しました。

本年三月頃からの話で、カナダのオンタリオ州には多く住む中国系住民が中心となって「南京事件の記念日」という反日的な制度を作ろうとする運動が大きくなった。これは断じて阻止しなければならない。五月までの州議会会期には間に合わなかったが、九月以降の秋会期には再び法案として取り上げることがはっきりしており、これを阻止するためにはいかなる手を打つべきか。すでに自民党としては外務省やトロント市民などと相談しながらその対策を講じてきたところですが、さらに効果的な手段があるあるだろうか。

トロント市というあまり馴染みのない地に降り立ち、地元の日本市民団体、総領事館、経済団体などと密かにかつ精力的に情報交換を重ねたところです。帰国して九月までには対策を決めます。

7月20日（木）

急遽カナダへ「国連本部の水害対策会議、出席」（その二）

併せてトロントから急遽ニューヨークに飛び国連本部における「水と災害に関する特別委員会」総会に出席しました。自民党の二階幹事長が日本代表として日本の気候変動と豪雨災害など、日本の対策や国際的動き、さらには日本提唱の「ツナミ（津波）の日」への取り組みなどを発表された。朝倉、東峰村の豪雨災害についても先日の視察を踏まえて具に報告された。

また皇太子殿下がビデオ出演の形で水資源開発、治水、利水について様々な具体事例を紹介しながら基調講演をされ、総会全体に大きな感銘を与えられた。

7月21日（金）

韓国、慰安婦財団理事長、辞任
「最終的な解決」はなったのか

一昨年暮れの「日韓合意」は慰安婦問題につき、『最終的かつ不可逆的に解決した』と合意した。これに基づき韓国は華々しく「和解、癒しの財団」という組織を作り、日本はこれに十億円を拠出した。その財団の理事長が急に辞めるという、また国内では混乱が起こっているのだろうか。この金の大半は「慰安婦」と自称する老女たちにすでに一人一千万円あたり支払われている（死者には二〜三百万円？）。

言うまでもない、この「日韓合意」は国家間の最高の規範であるが、韓国では今回新しい大統領（「文在寅氏」）が出て来て、専らこれを破棄する、少なくとも遵守しないと公言しており、実質はもう反故にされた状態なのだろう。

合意の際の最小の約束（条件）はソウルの日本大使館前の慰安婦像の撤去だったが、撤去どころか今は新しくプサンの日本総領事館前にも作り、その反日運動は各地に、また世界中に広げている。あろうことかユネスコの「記憶遺産」への登録も韓国が正面切って申請している。

この「日韓合意」については、その締結から私は心ある自民党議員らと共に反対した。理由は「なぜ安倍首相まで実質謝罪するのか」、「慰安婦像は本当に撤去するのか」など。さらに十億円の具体的支払いについても最後まで反対演説をしたが、外務省には支払いを先行させた方が韓国に精神的プレッシャーを与えて撤去を急ぐだろうと嘯《うそぶ》く者さえがいた。

神聖な国家間合意をどうするかはその国の問題であって、その国の国民が最後に判断する。しかしこの合意に至るまで我が国が負った負担や犠牲は、この際きっちり主張することが重要である。十億円を返すべしなどは言わぬにしても、せめて政府はあの『最終的かつ不可逆的な解決』という歴史的銘文を、韓国は今国家として民族としてどう理解しているのかを訊すくらいのことはしなければならない（写真はカナダ・トロント市の「慰安婦像」著者撮影）。

7月24日（月）

シリア大使を送別

シリアのワリフ・ハラビ大使（臨時代理大使）が離任するので、友好議員連盟有志で送別会を開きました。シリアは今国際的には最も難しい国のひとつであろう。国内には反政府組織との内戦が続き、周辺ではIS（「イスラム国」）という不毛な過激派テロ組織が跳梁する。それをロシア、米国ほかトルコ、サウジ、イスラエル、イラク、イラン、イスラム諸国が入り乱れて紛争に加わる。アサド大統領の政権運営も問題なしとしない。

日本は米国と歩調を併せて、外交は事実上ホールド（中断）している。当然にワリフ大使の立場は辛く、肩身は非常に狭い。日本とシリアの友好関係を立て直すに必死に懸命に頑張った四年間でもあった。

私は竹本直一議員らと「友好議員連盟」を発足させたが、これは大使にとっては在任中の最大の成果の一つだという。挨拶の最後は声を詰まらせたが、多分大使の思い万感がさせたものだろう。大使は帰国して、外務省の要職に就くという。

7月25日（火）

自民党、災害対策本部会合

党本部にて災害対策本部が開かれ、豪雨発生3週間、政府としての取り組み、問題点が各省から詳しく報告された。行方不明者がいまだ残る中、「激甚災害対策法」にも指定され、道路、河川の緊急工事、被災者の避難、生活支

援、流木、流倒木の後処理等々、全体的対策は一応着々と進んでいることが報告された。農地林野には救済上乗せ（「本激」）も予定されているという。

私は特に発言を求め、まず地元責任者として、今日までの政府と自民党の素早くも総合的な取り組みに対して心からの感謝を述べた。しかし災害の後処理、復旧、復興、住民の生活支援、経済の取り戻し、農業、林業の復興、インフラの再整備等今後の問題はあまりに多く、本当の対策はむしろこれからであり、自民党、政府の挙げてさらなるご支援をお願いしたいと発言した。

7月26日（水）

柔道世界選手権、選手団壮行会

東京の講道館にて、八月末の柔道世界選手権（ハンガリー・ブダペスト）に出場する選手団壮行会が行なわれました。昨年のリオ・オリンピック以来、わが日本柔道は昇り調子にあります。必ずや立派な成績を残してくれるでしょう。私は国会議員の代表（「柔道推進議員連盟」副会長）の立場で万歳三唱の役を得たので、「諸君の背には一億二千七百万人の国民が応援に付いていています。必勝を祈ります。」と前振りして「バンザーイ」を元気よく三唱しました。

（選手団団長は井上康生氏。全日本柔道連盟会長は宗岡正二氏から山下泰裕氏に交代された）。

7月27日（木）

環境大臣、被災地視察

山本公一環境大臣が朝倉市、東峰村被災地を視察された。環境省の主たる役割は災害発生後の自然環境、社会環境の回復、維持である。今回災害の特徴に山林の地滑り、土石流とともに道路、河川に

流れ入った凄まじい量の流倒木であって、それらを早期に廃棄物として処理することも必要であるが、一方木材をチップやペレットの形に前処理することでバイオ発電の燃料などに有効利用できるのではないか、ということを私は環境大臣に進言しておいた。

7月29日（土）

松野文部科学大臣、太宰府視察

松野博一文部科学大臣が太宰府視察に来られたので、太宰府政庁跡などしばらく同道した。太宰府は古都、古跡の関係で文部科学行政とは特に縁が深い。松野氏とは国会でも友人ですが、彼はこの一年間、多くの業務をただ黙々とこなしており、地味だがよく頑張ったという印象。彼にとってはやむを得ない案件が、やや多過ぎたとも言えよう。

7月30日（日）

トランプ大統領「中国に失望した」
（一方、中国は笑っているか）

この人の率直さには、ほとほと感心する。その日その日の思いを毎晩ツイッターに書くのだから、彼の頭の中は手に取るように分かる。裏表がないから、正直と評価する人も多かろう。

しかし、彼はアメリカの大統領、少なくとも西側世界の最高実力者。私は本当に大丈夫かと心配する。ビジネスでならよかったろう、しかし彼が担っているのは地球全体、少なくとも地球の半分は彼の双肩にかかっているのだ。

中国に「失望した」と言った。それは北朝鮮がいよいよ本格的にＩＣＢＭ（大陸間弾道ミサイル）を成功させた。それに載せる核弾頭も多分完成している、しからばアメリカ本土はもはや北朝鮮の射程

範囲にはいってきた。その北朝鮮を止めてくれるのが中国である、だから中国をほめ上げ、よいしょした、ところが全然効果が出ない、よって今回、努力が足りない、「失望した」と中国に愚痴をこぼした……。

何と素直で幼稚なロジックではないか。あの中国に期待を寄せて、ほめ上げ、通商問題を譲っても、などと考えること自体、中国の本当の怖さを知らない。野菜屋で魚を求める以上に難しい。トランプ氏の外交観が最も素人の危険なところ、それを阻止できない取り巻き（米国の外交安保当局、議会、国民）こそがもっと深刻に懸念すべきところ。北朝鮮向けに勇ましくカールビンソンを送っている間に、中国の南シナ海の軍事侵攻は一層進んだことに気付いているか。「同盟国」というなら日本にも大いに責任がある。

トランプ氏の素直なツイッター外交を見ると、一番喜んでいるのは、もちろん中国、中国は三千年の「孫氏の兵法」の国である。それとロシア。全てガラスばりだから何の苦労もいらない、見たまんま。一方、一度でも習近平氏やプーチン氏が喋っているのを聞いた人がいるか。（麻雀ではヤミテン＝完全秘密でしか上がれません）。

私の本当の懸念、トランプ氏は続くだろうが西側は本当に大丈夫か。日本はその中にいる。

7月31日（月）

戦後史を語ろう「博多湾引き揚げ」と「二日市保養所」

戦後の福岡市「博多港」は全国で最も多く外地からの引き揚げ者を受け入れた。百八十万人に及ぶ。京都の「舞鶴港」も引き揚げ港として有名で「岸壁の母」の歌にもなっているが、その数は半分にも満たない。

その博多港の「引き揚げ港」としてのレジェンドは、今や歴史の闇に埋もれようとしている。「引き揚げ」というあの戦争の痕跡は、功罪を含めてありのままに残さなければならない……。

「引き揚げ」の極く一部にさらなる悲劇が。外地で若き女子たち五百人余を極限の不幸が襲い、密かに堕胎を余儀なくした場所こそが「二日市保養所」と呼ばれた。筑紫野市二日市、今年の五月十四日、私も音頭に加わり本格的な慰霊式を挙行した。

歴史、それは取り戻すことのできない事実である。時が経てば忘却が進む。忘れていいものと、忘れてはならないものがありとせば、「戦争」という人類の最大の不幸は、せめての懺悔を込めてしっかりと後世に伝えなければならない。人は去り、起こった事実は当然に風化する。

かくして私は歴史の勉強には可能な限り参加することとしている。真剣な市民運動は何処にでもあり、下川正晴氏（元毎日新聞）など黙々たる学蹟が道を照らしていることにはいつも勇気付けられる。

8月1日（火）

自民党農林部会、朝倉の農地被害を視察

朝倉市、東峰村の被災農地を自民党の農林部会幹部が視察した。農業は地域最大の基幹産業、その農業が農地の冠水、溜池の決壊、施設の破損、例えば柿果樹や博多万能ネギなどで大きな損害を被った。復旧のコストと時間、生活負担、高齢化などから離農の動きが懸念される。政府の強力な支援策で再び豊かな農業地帯に戻さなければならない。すでに「激甚災害」の指定も決まっており、その効果が一刻も早く出るように私も懸命に頑張っています。

8月2日（水）

将棋のＪＴ（日本たばこ）杯始まる

週末には将棋のＪＴ（日本たばこ）杯が福岡市で行われますが、その前夜祭が行われました。プロの対局は森内九段vs久保王将で行われ、併せて子供たちの選手権も行われます。今将棋界は、「藤井聡太

四段」の活躍で大きなブームにもなっており、今回、子供選手権には例年になく一千三百人の申し込みがあったと報告された。私は「日本将棋連盟福岡県連会長」の立場でお祝いの挨拶に立ち、「……この将棋界の熱気を、朝倉地域の被災地の皆さんにも届けて欲しい」と結びました。私は将棋も囲碁も一応有段者です。

8月4日（金）

農林水産大臣への申し入れ

朝倉、東峰村の豪雨被害を中心とする全国の農林業災害に対し、自民党の役員総出で「斉藤健」新農水大臣に現状の説明と対策の申し入れを行なった。激甚災害法の指定にかかる被害の補助対象の拡大、補助率のかさ上げ、被害査定の迅速化、流倒木対策など広範かつ総合的施策を盛り込んでおり、現況においては一応の災害対策となっているものと考えられる。政府としての正式発表は翌日（八月八日）に行われる。

なお一方で、全国を縦断中の台風五号の被害も非常に心配されている。

8月7日（月）

河野新外務大臣、中国に直言

「河野太郎」新外相のデビューはフィリピンでのＡＳＥＡＮ外相会議であった。南シナ海問題において、他国は黙っていたが、河野外相はひとり堂々と中国の不法な侵入を牽制した。引き続き、日中外相会談が持たれた時、中国の王毅外相は露骨にも河野氏に向かって「あの発言には失望した」と言った。河野氏は切り返して、「中国こそ大国としての振る舞いがあるはずだ」と公海の航行自由、法の支配の重要性を強調して中国の覇権主義に自制を求めた。

日本の対中外交では、実に長く待たれた対応であった。今までが大人し過ぎた、黙っていれば波風は立たない、しかしその際の日本人の誇りと国益はどうなったか。仮に今回が河野氏の挨拶代りとしても、今後には大いに期待が持てる。

東シナ海の尖閣問題、ガス資源問題、戦後の歴史認識問題を含むあまりに多くの問題がある。その上に日中二大国の揺るぎない友好関係が存在している。私は河野氏とは大変親しく、彼には日頃同じ思想を訴えてきた。仮に私がその場にいても同じ発言をしたであろう。

中国の王毅外相は、河野氏の父河野洋平氏を引用したり、「米国の傀儡《かいらい》か」と言及するまでに河野氏をみくびった。外交では決して感情に走ってはならない、しかし迸《ほとばし》るほどの愛国心がなければ、その任は果たせない。河野氏にはその「愛国心」を具体の行動に移す勇気もあることをいみじくも垣間見せた。

8月8日（火）

政府の農業対策（説明会）

政府は八月八日、豪雨災害に対し総合的農業対策を発表しました。今次災害によって朝倉地区は経済、社会、民生あらゆる部門で大きな被害を受けましたが、とりわけ農業被害も甚大です。政府施策は、基本的には全て復旧費用は国が負担する（＝激甚災害指定）ということを含めて広範に亘っており、その説明会がＪＡ（朝倉農協）主催で行われました。

発災（七月五日）後一週間にして安倍首相、山本農水大臣、さらに各大臣が現場視察に続きました。党本部での会合、農水大臣や官僚との調整など直接に関わった関係で、私が施策の中身を説明しました。これらの施策は（机上の空論でなく）農業者の実際の被害や困難に具体的

に生かされなければならず、ＪＡ事務局、農水省はもとより市や県行政の密接な連携が必要であることを改めて強調しました。

8月10日（木）

中高生のオーストラリア派遣

大野城市の中高生十五人が短期派遣されてオーストラリアに行くことになり、その出発式が市役所で行われました。激励の挨拶をしましたが、私が会長を務める「(財)国際青少年研修協会」がその共催者となっています。

私は「英語が聞き取れなければ、遠慮せずpardon, pardon me と聞き返すこと、外国を見ることは自分の成長を何倍にも早めること、いずれは本格留学を目指し将来の国際人になって欲しい……」などと言い、父兄に向かっては「可愛い子には旅をさせよ」の古い諺で元気付けました。遠い昔、留学の出発のことも思い出したところです。

8月13日（日）

核戦争を防ぐための「論理的帰結」〈世紀の暴論〉

■北朝鮮を「核保有国」として事実上認める。
■北朝鮮と政治折衝して外交関係を開く。
■経済支援はしない。国際的経済制裁は強化する。

北朝鮮の金正恩委員長と米国のトランプ大統領との舌戦がエスカレートして開戦前夜にも擬せられる。北朝鮮はミサイル四機をグアムに向けて発射準備完了、日本の島根県など宇宙空間を横切るまで言う。米国はイージス艦、ＴＨＡＡＤなど迎撃態勢を整え、日本もＰＡＣ３の配備まで終えたとする。この緊張下でも米朝どちらも決して先制攻撃はしない、何故なら、攻撃はした方が負けということを両者は共に分かっている。米朝二国の軍事力と国力は比較するまでもない、軍事衝突した瞬間に北朝鮮は消滅する。しかし北朝鮮は「報復能力」だけは確保している。北朝鮮は北緯38度線に一万発の報復攻撃手段を確保していると言われる。韓国ソウルを「火の海にして百万人を殺す」は大袈裟にしても、数千、数万の犠牲者（これには滞在米国人を含む）が出ることは覚悟しなければならない。日本のどこかでも最低の犠牲が出るかも知れない。

米朝で決定的に違うのは人間の命の価値である。米国にとっては一人（民間人）の命の巻き添えも許されない。よってトランプ大統領はいかに怒り、脅しても、北朝鮮の報復攻撃がある限りは決して武力行使はしない。韓国人と米国人と（あるいは）日本人が「人質」にある限り武力行使はできない。そのことを知る金正恩にはトランプのブラッフはいささかも怖くない。北朝鮮にとっては、人間の命は多分、限りなく価値が低い。命を捨てた人間ほど強いものはない。

〈結局はどうなるか〉

トランプは例のとおりツイッターで脅しを続けるが、ついには勇ましい言葉も尽きてくる。北朝鮮は相変わらず核、ミサイル開発は続けるだろう。そして最後はついには国内経済が保つかにかかってくる。莫大な開発費、「先軍主義」からくる軍人費と軍事費、必ずや何処かで崩壊する、しかもその時期は遠くない。そのため国際社会は経済制裁を徹底的に維持、強化することだ、密かに北朝鮮を支援している中露は、糾弾し続けなければならない。

北朝鮮の核軍事化は止まらない。すでに「核保有国」であり、その現実は認めるしかない。その上で政治折衝を始める。外交関係を進めて行く。経済援助はしない。いずれこの国は経済と財政で破綻する。そしてその内政混乱の中で、政治も民主化し国際化するかもしれない。ミサイルや核実験にいちいち感情的に反応しても、結局なんの成果も生まれない。「核保有国」は今、米露英仏中の五大国だけが、何故か、認められている。さらにインド、パキスタン、イスラエル三国が、違法だが勝手に持っている。それぞれそのコスト負担に苦労している。これに北朝鮮が加わることになる。

以上は、私の主張やイデオロギーではない、現状を踏まえた「論理的な帰結」であって、良い悪い、好き嫌いではない、北朝鮮に屈したわけでもちろんない。少なくともトランプや金正恩のような愚かな指導者の感情に翻弄され、挙句、一瞬の偶発事故が何万の一般市民を巻き添えにするよりも、はるかに冷静かつ優れた帰結である。

日本はその立場で対米、対朝外交に努力すべきである。もちろん自らの「核兵器禁止条約」の受け入れも大事だが、さらに大事なこと、今の世界不安を積極的に救うことこそが真に喫緊の選択である。

8月14日（月）

街宣車、福岡市南区を走る

私の選挙区（福岡五区）にはこのたび、新しく福岡市南区の一部が編入されます。すでに関係者への挨拶など内々準備は進めておりますが、いよいよ街宣車にて表向きの活動も開始しました。

衆議院選挙はいつになるか分かりません。この秋口という人、来年秋までないという人、見方はそれぞれですが、衆議院は常に「常在戦場」（常に戦場にあるが如し）、準備は万端整えておくことです。今回の新規追加地区は人口三万、有権者二万五千、私の選挙全体にとっても非常に大事な地区となるものです。皆様のご支援をよろしくお願いいたします。

追加地区＝福岡市南区〈日佐三丁目、警弥郷、老司、野多目四～六丁目、鶴田、弥永、弥永団地、柳瀬、柏原一～二丁目〉

8月15日（火）

「ラスコー壁画」展
クロマニヨン人の世界

世界遺産のラスコー洞窟壁画展、九州国立博物館にて。クロマニヨン人が二万年前に描いたとされる。フランスの西南部ラスコーにて一九四〇年に発見された。

牛馬など六百を超える野生動物を中心に活き活きとした息吹を描く。顔料、工具など具材、遠近法を含む高い技法など観る人を驚嘆させる。(私を含む)今の現代人でもあの線刻はとても描けまい。

クロマニヨン人はヨーロッパを中心に四万年前から一万年前に生存、「ネオ・サピエンス=新人」と呼ばれる。「古代原人」ネアンデルタール人は四十万年前から一万年前に生存した、クロマニヨン人との血続きはないとされる。

8月16日(水)

米朝関係、戦争、核戦争は「絶対に起こさせない」〈世紀の暴論〉(その二)

米朝関係がグアム島危機で一触即発の時、八月十四日、私は「世紀の暴論」と冠して一つの文章を書いた。多くの関心を得たが、率直に評判は良くなかった。原田さんともあろう人がと言う人もいた。しかし私は書いた、これは私の意見や主張でない、それは単に「論理的な帰結」であって、戦争、まして や核戦争を防ぐにはそれしか残されていない、と。

北朝鮮のグアム島攻撃は、予想どおり、なかった、何故なら米朝どちらも先に手(武力)は出したくないから。米トランプ大統領にしては、先制攻撃して金正恩体制を潰すのはいとも容易い。しかしその時、韓国ソウルは「火の海」になり何万人かの犠牲者は避けられない。それでも北を潰した方がいいとトランプ氏は考えているかもしれないが、さすがに周りが許さない。一方、金正恩委員長にしては、国を守る、国体を守り抜くには核武装、ミサイルは絶対的に必須である。米国攻撃はあくまで示威運動で、まさか本気で撃つつもりはない、しかし一万二〇〇〇キロを飛ばして米本土に届くことを見せつけなければ脅しにならない。

グアム島危機がとりあえず遠のいた今、国際社会では米朝が話し合うべき、直接交渉すべきという声に満ちてきた。実はトランプ氏も金正恩氏も本心はそれを渇望しており、お互い言葉を弄して呼びかけている。では何が難しいのか。ただ一点、米国は北

朝鮮の非核化が絶対条件という、即時又はいずれかの時点で核廃棄するのなら、米国は直ぐにでも北朝鮮と話し合いに入る。一方北朝鮮も、ただ一点、非核化が前提となる限り米国と交渉はしない、核保有こそが体制維持の絶対要素であるとする。両者に折り合う余地はない。

今後とも北朝鮮は、さらに核開発を続けるだろう。ある時はまた再び、グアムを撃つと予告する、日本の何処かの上空を飛ぶと脅す、当然日本はイージス艦で迎撃体制を作り、地域社会もJアラートなどで危機対応を急ぐ……。国連安保理は経済制裁を強化する、それを繰り返す……。しかし結局、効果は出なかった。出ないはずである、中国もロシアも、制裁するどころか、密かに支援を続けているのだ。

そして最も恐れること、こういう「ゲーム」（と私は敢えて言うが）を繰り返すうちに、ついに偶発的な衝突が起こること。あの二人の指導者でこそ最もこの衝突は起こり得る。

ここで敢えて問う、「事実上北朝鮮の核保有を認めることは不可能か」。米朝がついに接触し、米国が北朝鮮の懐に入り込む、内側から核開発への監視を続けることになる。イスラエル、インド、パキスタンの（違法な）核保有への監視はかくして平和裡に行われている。

一方、朝鮮半島の非核化目標はいささかも挫けない。日本と韓国にとっては北朝鮮の核保有は決して認めない。しかし今や北朝鮮の核保有の現実を否定する者はいまい。現実を認めない、認めたくないという主観は皆持っており、この現実を受け入れることは身を切る以上に辛いことだが、しかし一歩その現実に立てば、全く新しいフェーズ（局面）が見えてくる。やることは山ほど出てくる、北朝鮮と外交を結び、この国を国際社会に引き出し、国の内政や民主化を見届ける。横田めぐみさんらを救い出すこともできるかも知れない。あの国の不遇な国民二千五百万人を人道的に救うこともできるかも知れない。もちろん経済制裁は頑として続け、決して安易な経済支援はしてはならない。

今日までの北朝鮮政策の最大の失敗と反省は、日米韓がその解決を中国とロシア、取り分け中国に頼り過ぎてきたことである。想起すべきは、中国には世界戦略、アジア戦略の中で、朝鮮半島の現状を「維持すること（status quo）」が自明の目標であって、中国が進んで金正恩の排除を目指すなどあり得ない。北朝鮮を事実上支配下に置いたまま、日韓と対峙し米国と向かい合うことを最上の外交としている。トランプ氏は健気にも習近平氏こそが救世主と崇めたり、頼ったりしているが、中国はただそれを嘲笑している。

中露に頼らない、ある時は中露抜きの米朝協議こそ私の言う「論理的な帰結」であって、それはトランプ氏の持って生まれた蛮勇に頼るしかない。米国が北朝鮮を取り込むことになれば、それこそ中国は慌てる、世界を席巻しようと企てる中国の壮大な野心は足下から崩れてくる。韓国ＴＨＡＡＤでの中国の慌てぶりを見れば米国の行動はその比ではない。

日本の安全保障は、基本が変わることはない。これら東アジアの不安定を踏まえ、国民の安全保障への意識は飛躍的に高まり、それが自国の総合的な防衛力を支えていく。当然に引き続き、核廃絶を訴えて北朝鮮には対応するが、今こそ「核兵器禁止条約」への参加を含めて、世界の核廃絶の先頭に立つ我が国の厳しい決意を示すこととする。

8月25日（金）

議員連盟「日本の明日を創る会」への出席

「日本の明日を創る会」に出席した。政治評論家森田実さんの講演を聞いた。吉田内閣にまで遡り、戦後政治の中で自民党が果たしてきた役割を踏まえて、今の自民党は少し元気がない、しっかり発言し堂々と行動した大先輩たち

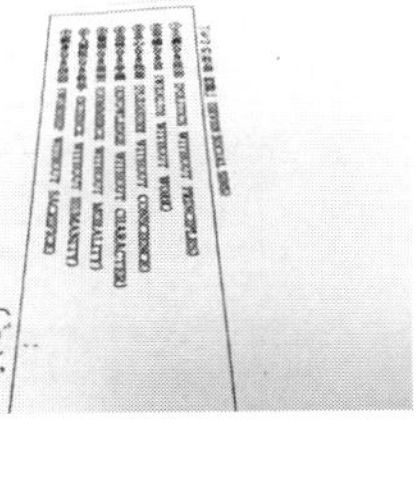

に学ぶべき、支持率低下には総選挙を急ぐべきということを話された。

なおインドのガンジー首相の残された言葉「七つの罪悪」を政治家の要諦として示された。数年前、国会出張でインド訪問の時、ガンジー邸に立ち寄ったことを思い出しました。

8月26日（土）

議員連盟「日本の明日を創る会」（その二）

「日本の明日を創る会」に出席した。翌日の新聞などには安倍内閣への不満分子の集まり、倒閣運動ではないかと書くものもあった。とんでもないことである。新聞やマスコミは勝手に決め付けて書くが、政治家、議員というのはそれほど柔ではない。みんな自分で考え、自分で行動する、政治に不満があれば、当然発言する、人に言われてどうこうするのを嫌う。

私は勉強会、議員連盟の類いには実は何十も入っている。自ら信念に基づいて選択する、極右もあれば、共産党なのも厭わない、それが国や国民のために役に立つのなら、政治家として当たり前のように行動する。政治家とは、有権者、国民に直接応えられればそれでいいのだ。

8月27日（日）

叙勲の祝いで「天国の母へ」

朝倉市の「小西恭博」さん（八十二歳）が「旭日双光章」を叙勲されそのお祝いが盛大に開かれました。小西さんは全盲ですが、あんま、マッサージなどの業界では役職を重ね、また障害者、視力障害者の社会的立場を強化、地域社会の発展にも大きく寄与された。政治、行政への指導協力も大きく、私も公私大変お世話になったものです。盲人が持つ「白杖」は今や全国で一般的となりましたが、これも小西さん

らの運動から始ったと言われます。

小西さんが挨拶された。「……私は一度も日の光を見たことがありません。私を産み育てた母は、そのことを死ぬまで悩み、謝っていました。しかし私を多くの兄弟や友だちに負けないように、どんどん外に出ろと育ててくれました。私は母の教えを今まで守ってきました。この叙勲という栄誉を、天国の母が一番喜んでくれていると思います……」。

　小西さんは本当に根っ子から明るく、積極的で、何事にも前向きで、接する我々こそがいつも元気と勇気を頂くのです。皇居での天皇皇后ご拝謁の折、畏れ多くも天皇陛下が小西さんに歩み寄りお言葉と暖かい握手をして頂いた、との内話を不肖私が祝辞の中で披露したところです。

8月28日（月）

商工会議所会頭ら経産大臣に陳情

朝倉市の商工会議所会頭、商工会会長らが災害の復旧、復興を目指して政府に陳情に来られた。豪雨災害で百二十企業が被災し、全域で百億円の損害となり、今や懸命の努力を続けている。世耕経産大臣、田村観光庁長官ほかと面会し、被災の現状を説明、様々政策的支援を訴えました。

8月30日（水）

「米朝対話」を急げ。敢えて言う

北朝鮮がまたミサイルを発射した。北海道の上空を通りその沖合一二〇〇キロの海に落ちた。日本は政府も直ちに対応し、自治体もJアラートなどで応じた。日本の上空通過は五度目、非常に深刻な事態と受け止め、政府は厳重抗議し、国連安保理の新たな制裁措置も決まった。中国、ロシアの協力が得られて安保理決議が有効かどうか、楽観は許さない、安保理の制裁決議は九度目になる。日米韓の軍事的態勢は一層整ってきた。

　対北朝鮮政策は「圧力と対話」を織り交ぜてきた。私はここで「米朝対話」を敢えて主張したい。決して朝鮮の圧力に屈した訳ではない。対話するに米国は北朝鮮と条件は付けない、しからば北朝鮮の事実上の核保有を呑まされるかも知れない。何故なら北朝鮮はすでに紛れなく核を保有しており、インドやパキスタンのように「核拡散防止条約」（ＮＰＴ）の埒外の「核保有国」であって、もはやそれは米国の認否と関係ない。確かに米国にとっては辛いことではあるが、逆に国交開始に結びつく可能性も出てくる。この国の懐に飛び込むことになり、より正常化された米朝関係の中でこの国の内政、核管理も含め、より内側から監視することになる。二千五百万の人民を開放できるかも知れない、日本の拉致《らち》被害者を救出する手がかりが見つかるかも知れない。

今までの北朝鮮戦略の失敗と反省は、日米韓が中国とロシア、とりわけ中国に依存し過ぎたこと。中露には北朝鮮を本気で排除する意図はない。北朝鮮に最も地政学的利害を見出す中国が金正恩の斬首を目指すはずはなく、トランプ大統領も中国の思惑が実は米国とは真逆だということを気付かなければならない。

さらに米国が北朝鮮の懐に飛び込めば、世界覇権を目指す中国のアジア戦略、世界戦略に対する決定的な対策にもなる。

一方、日本と韓国は、北朝鮮の核保有に反対し続ける。核保有は決して認めることはしない、朝鮮半島の非核化は叫び続けなければならない。日韓両国はまさか核保有を目指すことはないだろうが、徹底した国防により自国民を守りぬくことは当然である。いつの日か北朝鮮の非核化を実現できるのならそれが理想である、しかしさらにもみ合っているうちに北朝鮮の核開発は一層進む、一触即発の危険は一層増大する。「米朝対話」は結果的に北朝鮮の核保有を認めることに連なるが、一方で核開発とミサイル発射のたびに真剣に反応し、抗議と安保理と経済制裁を繰り返し、ついには偶発的武力衝突の可能性が増すことを思った時、「米朝対話」は一つの有力な選択肢となり得る。米国にそのことを働きかけることも日本の役割である。

なお、ナチス・ヒットラーに領土覇権を譲ったとされる英国のチェンバレン首相の「宥和外交」（一九三八）と比喩されないか。断じて背景は異なるが、もちろんいかなる検証をも済ませておかなければならない。

9月1日（金）

ワールドラグビーと子供たち
TOSS運動のこと

二〇一九年のワールドラグビーは日本で開催されますが、試合は福岡でも行われます。福岡は元々ラグビーの非常に盛んな所で、企業ラグビーもまたあの五郎丸選手や福岡堅樹選手ら多くの有名選手が出ています。来たる世界大会を地元から盛り上げ、また地元のラグビー少年を教育の観点から鍛えようと「ワールドカップ推進教育セミナー」が企画されて今年で三年目、私も応援しています。ラグビーボールを使っての室内体操など、私にとっては初体験でした。

　TOSSという教育組織の主催ですが、学校の教育現場の指導法、指導技術を高め、それを交換、共有する（skill sharing）ことで教育効果を高めようとする全国組織で、多くの現役教師が参加しています。私は提唱者の「向山洋一」氏とは若い時からの友人で、いつもその努力に声援を送っています。

（TOSS=Teachers' Organization for Skill Sharing）

9月3日（日）

子供たち、腹一杯のご馳走を

「博多食文化の会」（メゾンデヨシダ吉田安政氏ら）が毎年主催する児童養護施設の子供たちへのご馳走会、今年も盛大に行われました。親がいない、親と一緒に生活できない子供たちは、全国で四万五千人いるそうですが、彼らは各地の「児童養護施設」で生活しています。

　福岡市を中心にしたレストラン、流通関係者が毎年一回、三百人ほどの子供たちを呼んで腹一杯のご馳走を振舞います。今年で二十七回目を数え、今年は韓国釜山からも三十人ほどが招待されました。

子供たちは健気にも懸命に生活をして社会に出て行きますが、乳幼児も含め、一人ひとりの素直にも明るくて屈託ない表情を見るとつい涙に誘われます。私も本会は随分前からの応援者です。

なお、私はこれら児童施設の子供たちに成人前（無料で）「自動車運転免許」をとらせる運動を展開しており、本会でもその報告を受けました。

9月7日（木）

柔道整復師会記念式典では

福岡県柔道整復師会の創立記念日で祝辞を述べました。「柔道整復師」は「接骨医」、「ほねつぎ」として国民に広く親しまれ、地域の医療現場ではすでに重要な役割を担っています。わが国独自の医療技術として長い歴史を経ていますが、この医療業務が国民健康保険や労働災害保険の適用を得るまでには戦前、戦後を通じて先人たちの血の出るような闘争と苦労の歴史があったこと、一方で医師会や隣接医療業との間で微妙な分野調整があることなどを話しました。

また全く個人的な話として、自分は一貫して柔道で育ち、昔の柔道場では常に先生（師範）が接骨医であったこと、有名な東京「花田学園」にも縁があったことなどを付け加えました。

9月7日（木）

世界柔道選手権ブタペスト大会、圧勝

ハンガリー・ブダペストでの世界柔道選手権大会、日本は圧倒的成績を残しました。日本は強くなったのか、世界が弱くなったのか、正直わかりませんが、再び「柔道ニッポン」が復活したことは嬉しい限りです。

なお、この代表団壮行会（七月二十六日、講道館）で

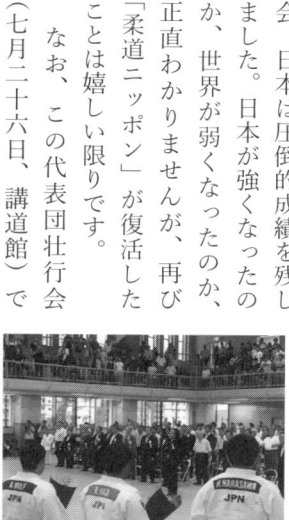

締めの「万歳三唱」を率いたのが私で、少しだけ自慢をさせていただきます。

9月7日（木）

農林水産大臣へ陳情

豪雨の災害対策に関し朝倉市農業関係者が上京したので、農林水産省、自由民主党への陳情活動を引率しました。発災後二ヵ月経ち、地元では大きな傷あとに苦しみながらも平静を取り戻して懸命な復旧、復興努力が続いています。この二ヵ月間の地元関係者の努力はもちろんですが、近隣行政、全国からの援助、ボランティア、そして何より政府と自民党の対応も「激甚災害地域指定」を含む政策的対策が一歩一歩進んでいます。

農業分野も被害が甚大ですが政府政策も進んでおり、地元はそれらをさらに一層加速すべきとする要請を持っています。斎藤農水大臣、二階自民党幹事長ら指導者からは一層力強い励ましの言葉を頂き、陳情団揃って勇気と希望を頂いたところです。

9月8日（金）

「米朝対話」を急げ。日本も協力せよ

九月三日、北朝鮮が六回目の核実験を強行し、規模としては過去最大で、広島原爆の十倍、水爆の可能性もあったという。米国を始め日本、韓国は完全に態度を硬化、強硬策をさらに追加、十一日にも国連安保理は新たな経済制裁を行う。中国、ロシアも北朝鮮を徹底非難しているが、私は対話の余地を残すべしとの主張を続けている。

経済制裁を強化すること、石油、ガスを完全に止めることなどで、北朝鮮の核、ミサイル開発を抑え得るか、期待はあまりできない、何故ならこれらを続けることで北朝鮮の腹はすでに固まっており、それを進めるに軍事衝突も辞さないとしている。一方米国のトランプ大統領も武力行使の可能性を隠さず、現実には一触即発の緊張が増しているといえ

る。ついには偶発事故が起こるかも知れない。

　私は、米朝が対話するしか方法はないと思う。米朝が直接の接触、対話するということ。米朝の駆け引きは、一見北朝鮮の粘り勝ちとも見えようが、全く悲観するに当たらない、それで戦争が避けられるのであれば、世界と人類のためにははるかに善である。先にも書いたが、トランプ氏と金正恩氏の勝負は最初から非対称である。トランプ氏と日米韓にとっては一人の一般国民の犠牲者を出すことも許されない。金正恩氏にとっては、何百人、何千人の犠牲が出ようとも国家護持のためには必要悪でしかあるまい。要は両サイドにとって武力衝突に伴い犠牲となる「人質」の重さが決定的に違うのであって、チキンレースとなればその結果は自明である。

　米国にとって、北朝鮮と対話することに恥ずるものは何もない。辛いことだが、北朝鮮の核保有をありのまま認めることは止むを得まい、ただ開発を止めさせるか、「凍結」（＝現状維持）で折り合うか、やはり非核を追求するかが大事な争点となる。さらに北朝鮮が朝鮮戦争の「休戦協定」を超えて米朝「平和条約」を締結すること、韓国、日本から米軍の撤退を強くこだわる場合には、それこそ最高度の交渉力で事態の決着を目指すこととなるが、これ故に米朝対話を避ける理由にはならない。

　日本と韓国はどうか。もとより今になって北朝鮮の核保有の事実は否定しようはないが、それを国として公に認めるか否かは国内政治の問題である。半島非核化の旗はいささかも下ろす必要もないが、少なくとも北朝鮮の核保有の現実に立って新たな安全保障政策を組んで行くのは当然である。これを機に韓国には核武装の機運が高まるし、日本でも核にかかる議論が本格的に始まるかも知れない（「核ドミノ」）。私は核兵器の禁止、核拡散防止の観点から両国は断じて核保有を目指すべきではないと考えるが、新しいパラダイム（次元）において自国の安全保障を確保するために米国の核の傘だけでいいのかなど米国

の核戦略をどう位置づけるかは日韓両国にとって死活の課題となる。

今日までの北朝鮮政策には、日米韓の側に中国とロシアに過度に依存してきたことへの率直な反省がなければばならない。日米韓の究極の目標が北朝鮮の「無力化」であるとすれば、中露は半島において北朝鮮の現状維持、コミットメント維持を目指しているといえる。目的も目標も基本が異なるのに、共同行動がうまく運ばないことはいわば当然であって、国連安保理の制裁決議ではいつも揉め、中国の輸入、金融支援が北朝鮮の実際経済を支え、ロシアの軍事技術が実は核、ミサイル開発の母体となり、貿易、観光支援で国民生活を潤しているかぎり、中露の役割には限界と偽善があることに気付くべきである。

日本はもちろん圧力、経済制裁を徹底的に強めるべきであるが、しかしいかなる理由であれ米朝の偶発的武力衝突からわが国民を戦火に晒すようなことは断じてさせてはならない。そのためには米朝の対話を実現し、現下の核、ミサイル問題を政治的、外交的、平和的に解決することが必要であって、またわが国はその実現に向けて高度の外交戦略を駆使すべきである。

9月11日（月）

「精神疾患には予防こそ最優先」ストレスチェックの勧め

「医療の未来を語る会」は私が代表を務めていますが、毎月議員会館で定例の勉強会を開いています。今日の本題は「精神疾患（メンタルヘルス）」です。わが国では産業界で今「ストレスチェック」(stress check) というものが広く行われるようになりました。社会構造が複雑多様化し企業組織も激しい競争や競合に晒される時、それを支える社員、従業員に精神的疾患が出ることが多くなりました。もとより健康保険や労働保険など国の医療制度は一応完備していますが、いわゆるうつ病に代表される精神疾患問題は顕著に増える傾向にあります。

そのため厚労省は一定規模以上の企業には従業員へのストレスチェック（事前調査）を義務付け、精

神疾患の発症や発病を事前に把握して予防し、早期に対応しようとしています。今日は精神病理の専門医師二人から分かりやすく病理の原因と対策、「予防こそ全てに優先する」という話を聞きました。この運動は国民的に広げる必要があると強く感じました。

なお国会議員やおよそ議員にはうつ病などが少ない、打たれ強い精神的レジリエンス（強靱さ）を持っているといわれ、確かに周りを見てもこのことは自分の実感にも合うと妙に納得したところです。

（講師は香山リカ医師と川口佑医師）。

9月13日（水）

司法試験と「予備試験組」

法曹（弁護士など）になるには司法試験の合格が必要で、この試験は今でも最難関のひとつといわれます。日本の司法制度が大きく変わったのは二〇〇〇年から五、六年かけて行われた司法制度改革で、裁判員制度の導入、法科大学院の新設、司法試験制度の改革など、「百年（？）に一度の大改革」などといわれました。

司法試験改革の委員会で最後まで揉めたのが、法科大学院には経済的理由などで行けないが、独学で司法試験を目指す道を残すべきか、ということで、法務省原案は原則ゼロ、仮に例外を認めても暫定的で数年内にゼロとする、というもの、全ての法学徒は法科大学院を経由すべしとの考えであった。これに異を唱え、最後まで反対したのが、実は私であって、大学院に行く余裕もなく、しかし法曹たらんと情熱を燃やす人材を決して切って捨てるべきでないと演説を繰り返した。苦学しながら試験に挑み続けた自分自身と多くの同志たちのことを思っての一念であった。辛うじて「予備

試験組」としてたしか「五十人」だかの枠が残されたところまでは記憶している。

毎年秋の合格発表では「予備試験組」の勢いが話題となり、私はいつもひとり、あの頃を思い出す。本当に良かったのか、悩むこともある。しかし、いつの時代も、働きながらも、寝食を忘れ、懸命に目標を目指す集団があることも決して無駄ではなく、法科大学院生らと競いながらお互いを高め合うことこそ国家の未来にとって大変良いことではないか、と自分を納得させているのです。

9月14日（木）

敬老の日「認知症にならない歌」

今日は敬老の日、敬老会には十ヵ所ほどお邪魔しました。元気溢れるお年寄りばかりで、わが国の将来は益々大丈夫です。

ある会場で「ボケない小唄」を皆んなで大合唱しました。原田さん、全国に広めてください、と言われましたので、お許しください。

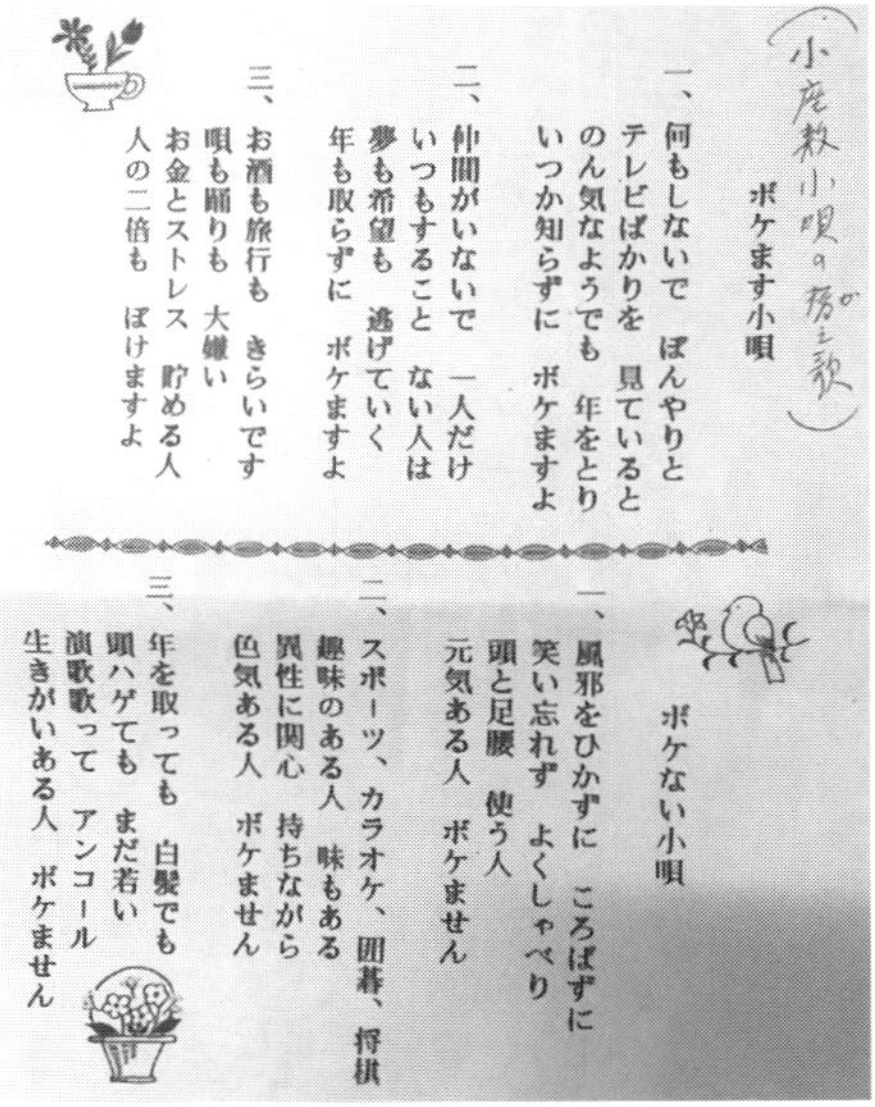

ボケます小唄

一、何もしないで　ぼんやりと
テレビばかりを　見ていると
のん気なようでも　年をとり
いつか知らずに　ボケますよ

二、仲間がいないで　一人だけ
いつもすること　ない人は
夢も希望も　逃げていく
年も取らずに　ボケますよ

三、お酒も旅行も　きらいです
唄も踊りも　大嫌い
お金とストレス　貯める人
人の二倍も　ぼけますよ

ボケない小唄

一、風邪をひかずに　ころばずに
笑い忘れず　よくしゃべり
頭と足腰　使う人
元気ある人　ボケません

二、スポーツ、カラオケ、囲碁、将棋
趣味のある人　味もある
異性に関心　持ちながら
色気ある人　ボケません

三、年を取っても　白髪でも
頭ハゲても　まだ若い
演歌歌って　アンコール
生きがいある人　ボケません

9月16日（土）

大型台風、朝倉地区を襲う

九月十七日、大型台風十八号が襲来し、朝倉地区には再び「避難勧告」まで出されました。結果、風雨とも大きなものとはならずとりあえず安堵しました。あの七月「九州北部豪雨」から二ヵ月半、朝倉

市のその後の被災現場を見て回りましたが、いまだ傷痕の深刻さを改めて感じました。被災の人々とも話し合いましたが、様々の相談も受け、その解決への約束をして来ました。復旧、復興、生活回復……と彼らの苦しみはむしろこれからが大変です。

9月17日（日）

ついに、衆議院解散、総選挙

身の引き締まる思いで、大ニュースを受けました。来月十月二十二日か二十九日の投票が事実上決まりました。一瞬強い緊張感が体を貫き、続いて極めて具体的な課題と懸念が頭の中を巡り始めました。議員たるもの、選挙への心準備は常にできており動揺するものは何もありませんが、しかし「絶対に諦めない、絶対に手を緩めない」ということが自分の経験値から学んだことで、当然に前回以上の『圧勝』を目指して選挙態勢を組んで参ります。告示まで半月という時間的切迫はどの候補にとっても平等であって、むしろ普段の真面目さが実力を発揮するものと思います。

皆様のご支援とご指導をこそ改めてお願い申し上げます。

9月18日（月）

アジア・太平洋国会議員連合（APPU）総会

APPUという国際会議は議会主義を採用しているアジア、太平洋地域の国会議員の集まりで、すでに権威のある伝統的な組織です。その総会が大分県別府市で行われました。私は特段の委員ではありませんが、九州での開催ということで、日本、台湾、パラオ共和国という三ヵ国役員会に出席しました。それぞれ国情の違う三ヵ国が意見を開陳し、お互い交流親善を深めました。

私は、最近の朝倉地区、大分地区の豪雨災害の状

況を説明して、地球環境対策の必要性について発言したところ、両国ともその必要性に強く同意した上で、パラオ（国会副議長）は地球温暖化で海面の上昇に悩んでおり、同国への支援の強化を要請された。なおこの国際会議には台湾が非常に積極的で最大の代表団を送って来ており、代表（国会議長）発言ではこれが「台湾（中華民国）」の名前で出ている数少ない国際会議であって、他の国際会議にも是非「台湾」の名前で出たいという率直な意欲を示された。

9月19日（火）

朝倉市幹部、上京

朝倉市の森田市長、中島市議会議長、梶原副議長が急遽上京され、麻生財務大臣と大島衆議院議長に面会、七月豪雨災害のその後の情況説明とさらなる災害対策への陳情をされた。発災直後の激動は、市民生活も含め、落ち着きを取り戻して来ましたが、災害からの復旧、復興の困難さはこれからこそが本格的です。

9月20日（水）

敬老会、福岡市

「敬老の日」には各地の敬老会に何ヵ所も出ましたが、新選挙区となった福岡市（南区）では初めてです。「老司《ろうじ》地区」、大票田のひとつで、この敬老会は私にとって当然に初めての人ばかり、相手から見れば私も全くの新人です。内心密かに心配していましたが、実際には皆様に大いに歓迎していただき、感激の極みであります。

大都市福岡市だけあって、会場の規模も雰囲気も格段に大きく、これからの活動に対し身の引き締まる思いでした。福岡市議会議員

「川上陽平」氏のご尽力に心から感謝します。
（消防団の纏いの演技は川上市議ら）

9月21日（木）

『「たすき一本」に「日本」を託す』
必勝への決意

私の選挙運動はいつも襷《たすき》をかけることから始まります。たすきをかけることで、内外に選挙が始まったことを知らせ、とりわけ選挙の苦しみに自分を追い込むことを目指します。

三十五年前、最初の選挙戦、私はたすき一本を背中に巻いて街路に出ることを決意しました。勇気の要ることです。貧しいが、しかしたすきには一銭もかかりません。国鉄の通勤電車でも実行しました。車掌に追い出されたこともありました。多くの人の注目と監視、あるいは蔑みを受けることは、私の精神力と自己顕示力を鍛えるに大いに役立ちました。選挙は三回落ちましたが、七回も当選させていただいたのです。

本日、今回もまた、全身にたすきを巻きました。国旗もはためいています（秋分の日）。本部事務所の大通りで、懸命に手を振ると大方の車からは、お返ししてくれます。私にとっては何よりのエネルギー源です。昔、「原田さんを車から見た日は縁起が良い」と言ってくれた人もおりました。

9月23日（土）

嗚呼、「緑山こそ宝」
小川前森林組合長を悼む

「真の宝は緑山に在り」、これは福岡県朝倉森林組合本部の掲額です。山と森林は日本の宝であり、全ての日本人はこの大自然に抱かれてこそ今日があるのです。そして今、私たちの山、朝倉郡の山は、七月豪雨による災害で崩壊の渕に立っています。

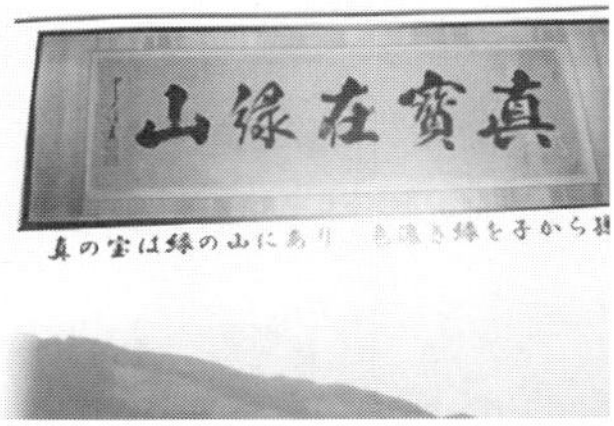

この災害で森林組合の前組合長「小川稜人」氏ご夫妻は被災、遭難されました。小川氏は終生を森林とともに生き、山を育て、人を育てられました。惜しみても余りある立派な人生で、私は本当に天を恨みました。そして日を経て、いやこの小川さんこそ今や「山の神」となられた、我々は決して負けてはいけない、小川さんが必ず山と森林と、そしてこの国を護ってくださる、と思うようになりました。「真の宝」掲額は正に小川さんの天からの叫びなのです。

（朝倉森林組合の年次総会が行われました。）

9月24日（日）

医療おけるＡＩの未来

「医療と医薬品の未来を語る会」例会では『医療におけるＡＩ（人工知能）の未来』と題してＡＩ専門家の「井元剛」さんから三時間に及ぶ講義を聴きました。井元氏はＡＩ技術を内外最も広く実業に応用しておられる最先端の専門家で、講義後は熱心な質疑応答が続きました。ＡＩは、率直私の理解を超えていますが、本当に遠くない将来に間違いなくＡＩ社会が実現するということを実感した次第です。

なお、後刻の懇親会では、全員で私の誕生祝いと「選挙必勝祈願」のサプライズ・ケーキが出されて、大いに感激したところです

9月28日（木）

選挙戦、必勝の態勢を

九月二十八日正午、衆議院本会議で解散が宣告され、いよいよ本格的選挙戦が始まりました。自民党衆参合同総会にて安倍総裁（首相）の決意表明。麻生派での内部の結団式。最後に党本部では安倍総裁

から公認証書の授与と写真撮影が行われました。

大変に忙しい日程でしたが、いちいちが身の引き締まる思いです。事務所にもお客さんを迎え必勝の戦略を練りながら、気持ちはすでに選挙区での選挙戦にあります。

民進党が大きく変わろうとしており戸惑うこともありますが、全ての選挙の常、自分の今日までの実績に自信と誇りを持って行動することが必要です。

9月28日（木）

誕生日お祝いの御礼

何百人のfacebookerに誕生日のお祝いメッセージを頂き、大変に嬉しく感謝申し上げます。私がこれだけ多くの人に大事にされていることを知ったことで、さらに頑張ろうと言う気持ちになりました。お一人お一人には返事は書けませんが、ここにまとめて御礼申し上げます。

さらに、本当のお祝いは、十月二十二日、「選挙投票日」にこそお願いいたします。実は非常に厳しい選挙戦を迎えており、全ての皆様に五人以上のご友人をご紹介いただければ幸いです。

10月1日（日）

朝倉被災地の今

朝倉の被災地を訪ね、被災者、関係者の窮状について直接相談を受けました。災害から三ヵ月、皆さんは精神的には平静を取り戻していますが、今ある目の前の現実に果たして取り組む術が見つからない、という気持ちではないでしょうか。皆さんの苦しみと希望をしっかり受け入

れて、その解決策を、選挙後には必ず国会で実現すると力強く応じました。
私の予定に合わせて数人の報道関係も来ていました。

10月2日（月）

選挙準備

選挙態勢作りも、一歩一歩、しかし着実に進んでいます。今日は九州電力グループの皆さんが三百人ほど集合して、われわれ福岡地区候補者五人の必勝激励大会を開いてくれました。今の時期、どれほど力強い応援であるか、感謝の限りです。
続いて、本事務所においては、自民党蔵内県連会長始め県連役員が激励に駆けつけ、今後の応援を約されました。地元としてはこれらの期待にしっかり応えるべく身を引き締めたところです。

10月3日（火）

選挙準備、進む

急な選挙ですが、やるべきことは同じです。準備態勢もようやく本格的となりました。役員会、事務所開きと神事、推薦者の往来、内部の事務連絡、報道関係との対応、資料作り、印刷処理……事務所内務は山ほどありますが、併せて外に向かっては街頭演説、集会参加、戸別訪問、ビラ配りと少しも待ってはくれません。民主主義とは有難いもので、選挙ゆえに、有権者＝国民と懸命に接触し、彼らの意見を聞こうとする機会を与えてくれるのです。

10月4日（水）

健康管理を、看護連盟から力強い推薦状

「福岡県看護連盟」から選挙への推薦状を頂きま

した。県民、市民の健康と安全、安心を守ってくださる全ての看護師さんの応援を頂いたことで、勇気百倍、元気が心底、漲《みなぎ》ってきました。推薦状は、神前にて厳かに授与されました。（代表丸山真紀子さん）

　このところ選挙準備に忙殺されていますが、自らの健康管理についても改めて気付かされました。

10月6日（金）

農政連の推薦が決定

　農政連、農協は最大の支援組織ですがその推薦が決定、福岡市で推薦状の授与式が行われました。農政は言うまでもなく、国民にとって最も大切な分野ですが、同時に外国との交渉（TPPなど）や国内農家の高齢化、後継者不足など深刻かつ構造的問題もあり、政治、行政面でわれわれ自民党の役割が特に大きいものがあります。今後一層頑張ることを誓約しました。

10月7日（土）

あのウルトラマン、被災地に出現!!

　大挙してウルトラマンが現れる！　と大騒ぎとなったのは、被災地の東峰村。村民センターには大勢の子供たちと大人が集いました。ステージの上で、かっこいいウルトラマンのヒーローが多くの悪魔たちと格闘し、最後は投げ飛ばすのです。会場の子供たちは手を叩いて大喜び……。

　豪雨災害での被災地の子供たちを激励できないか、と東京で「円谷プロ」の責任者と出会った際、その話しが出たので、是非福岡の被災地に来てくれとお願いしたところ。お陰で、本物のウルトラマンがやって来ることになりました。私はウルトラマン

のことは関心なかったのですが、今回その素晴らしさと有名になった道理がよく納得できました。

10月8日（日）

昼に歌う、商店街のお祭り

ある商店街のお祭りに出かけたところ、つい盛り上がりました。たすきを巻いて人々に愛嬌を振り撒いていると、カラオケの順番が来たという。肚を決めて歌ったのが演歌「旦那さま」。大きな声で歌ったのですが、この昼日中、たすきをかけた前議員がステージの上で演歌を大声で歌う、恥じも外聞も無く。果たして知らない人が遠くから見たらどう思うだろうか。

政治家というのは、いつも自分の言動に気をかけており、つい反省したり、得意を感じたり。選挙だけは引っ込み思案では務まらない、目立ってなんぼの世界だと言われており、今日のカラオケも一応成功と見なければならない。

10月8日（日）

麻生副総理来る。明日、出陣!!

ついに決戦の日がやってきました。本当に激しい準備の日々でしたが、条件は皆同じ、やるだけのことはやりました。今日は前哨戦、麻生太郎副総理の事務所来訪を受け、出陣前日が大いに盛り上がりました。私も思いの丈をしっかり話すことができ、副総理もまたあの「麻生節」で多くの参加者を沸かせてくれました。

「懸命に頑張れば必ず勝てる、さらに頑張れば必ず『圧勝』できる」というスローガンを私は臆せず使っています。

10月9日（月）

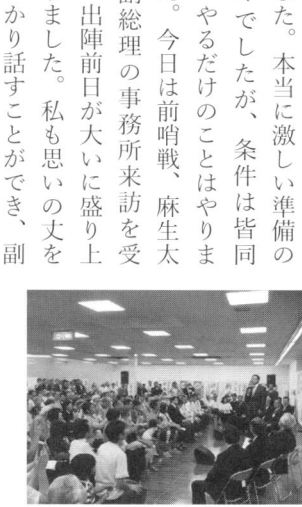

朝倉地区、選対本部会議

出陣式も明後日となり、選挙準備も大詰めです。

朝倉地区選対本部も自民党、農政連、原田後援会三者がまとまり、本格稼働し始めました。同時刻には筑紫地区も選対会議を進めています。

10月9日（月）

選挙始まる。まずは神事、続いて出陣式

いよいよ選挙が始まりました。春日神社、太宰府天満宮、二日市八幡宮と三神社で厳かに必勝祈願（「三社参り」）をいたしました。続いて本部事務所、朝倉事務所及び春日事務所で盛大な出陣式を行いました。

選挙のように苦しい大事業では、最後は神社での儀式が必要になってきます。「人事を尽くして天命を待つ」という言葉のように、人間としてやるべきことはやったにしても、精神的不安は決して拭えない、結局最後は神仏にすがり、その精神的補強をもって闘う態勢が整うことになります。

かくして私も心身ともに万全な態勢で十三日間の選挙戦をスタートすることができました。必ず当選して、再び東京にも戻ります。

10月10日（火）

選挙運動、激化

本格的選挙運動が始まりました。選挙運動には理屈は要りません、ただひたすら、訴え、票を頂く、それだけであって、その効果は神のみぞ知る。準備段階でこそ政治的な悩みはありますが、一旦始まると却って精神的には解放されるものです。

なかなか厳しい戦況ですが、皆様どうぞよろしくお願いします。私の文章、映像をしっかり拡散してください。

「必勝から圧勝」を目指します。

10月12日（木）

県知事、応援で来訪

事務所に小川洋福岡県知事が来訪され、激励の言葉をかけられた。災害対応を含め、国会議員たる原田さん（私）への期待が極めて大きいと訴えられた。

10月13日（金）

筑紫野市戦没慰霊祭

筑紫野市戦没者慰霊祭が行われ、私は追悼の辞を述べました。遺族会の皆さんも確実に高齢化していること、北朝鮮の核ミサイル問題に対し安保政策を強化すべきことなどを読み上げました。戦争は決して起こしてはいけない、北朝鮮問題でも断じて武力衝突は避けなければならない、というのが私の心境です。

10月14日（土）

鋭い目と嘴《くちばし》、鷹来る

選挙事務所に本物の鷹の応援がありました。親友の「藤田征宏」氏は日本でも有数の鷹匠で、茨城県で大きな飼育場を経営しています（「猛禽《もうきん》屋」）。私の選挙応援に精悍《せいかん》な顔の鷹一羽を帯同し、事務所の人々を激励してくれました。

藤田氏は日本の鷹匠文化を「国の文化遺産」とすること、日本の鷹匠とアラブ諸国の王族たちとの本格交流を開くことを目指しており、私はそのいずれをも手伝っているのです。

10月15日（日）

防災服、街宣車で全域走破

選挙戦もついに中日となってきました。世の中、政治熱が高まり、選対本部周辺の人間関係もうまく回り始めました。

今日は一日、雨そぼ降る中、朝倉地区全域で街宣車に乗り、防災服に身を纏い、JA朝倉本所を含めて十ヵ所以上で街頭演説しました。とりわけ豪雨被災地に入ると、気を遣いつつも、仮設住宅の避難者向けての呼びかけも実行したところです。

日が落ちた夜半、雨と寒さの暗闇の中で、疾走する私の街宣車を沿道で、三人、五人、十人と支援者が、黙々と待ってくださっていた。こういう人々がいるかぎり、私は国家に奉仕する闘いを決して止めることはありません。

10月16日（月）

青山繁晴先生、激白

私の応援に参議院議員の青山繁晴先生が来てくださった。先生は昨年初当選されたが、元々国家発揚の立場を貫く学者、マスコミ人としてはつとに有名であって、国会に来られてからは、私と思想信条がぴったり合うことで、非常に親しく交流していました。時々はその社会的影響力の強いネットなどで、私の国会活動などを非常に高く描いていただいていたが、今回私の選挙応援にまでお世話になり大いに勇気付けられた。

私の選対本部事務所、筑紫野市と大野城市の駅そば、都合三ヵ所で演説会、いずれも大入りの参加者で、青山先生の人気の実態が摑めました。歯切れの良い国家論で多くの皆さんは、満足して帰られ、私もずっと陪席してその言動も含め大いに勉強になっ

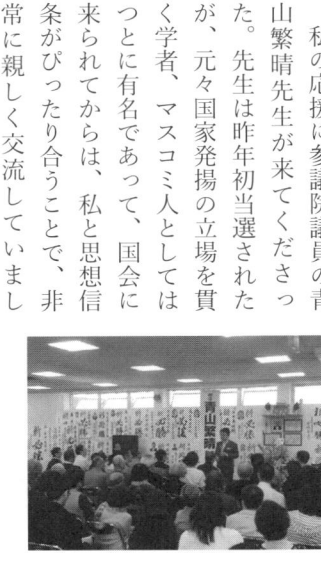

たところです。

10月17日（火）

厳しい選挙戦、当選ご報告

大変厳しい選挙でしたが、当選いたしました。必ずや、皆様のご期待に沿えるように頑張ります。

（法により、選挙結果のみ報告いたします）。

10月22日（日）

感謝、「日本を語る会」大盛況

十月二十三日、「日本を語る会」と称して政治資金パーティーを開きました。選挙投票日の翌日という非常に微妙なタイミングでしたが、大枚はたいて多くの人々にご出席頂き、心から感謝の一言です。

実はこのパーティーは二ヵ月以上前に企画し鋭意準備の最中に、突然の衆議院解散となり、今回の選挙戦に突入しました。時期的には選挙活動とそっくり被るので中止か延期も考えましたが、「先約守るべし」という年来の訓えに沿って粛々と準備を進め、お陰様で予定どおりパーティーを開けました。これもそれも、全ての人々のご支援の賜物であって、身の幸せとその責任の重さに改めて感じ入った次第です。

10月23日（月）

天満宮崇敬会、総会

太宰府天満宮「崇敬会」の総会が行われ、昇殿参拝に続いて「余香殿」にて式典が行われました。宮司に続き私もご挨拶に立ち、天満宮の長久を讃えつつ、総選挙を終えて政治の責任の大きさを表明しました。天満宮は私の精神的支えです。

10月24日（火）

神仏とともに

私は選挙を十一回も闘ってきましたが、常に心にあるのは神仏の守りです。どんなに危機にあっても必ずや助けてくれる、人智を超えたものは目には見えません。

三年前の選挙では私への支援の中心であった久芳康紀さん、鬼倉幸一さん、岩崎親志君は、今や鬼籍におられますが天界から強力な応援を送っていただきました。

10月24日（火）

戦い終えて、日が暮れて

選挙事務所を畳みました。ひと月弱の短期間でしたが、本当に素晴らしい場所を得て、思う存分活動し、最高の結果にも恵まれました。このがらんどうにはいまだあの活気と喧騒、そして万歳三唱の雄叫びが木霊しています。

10月25日（水）

カナダ・オンタリオ州「南京事件記念日法案」阻止に向けて

カナダ・オンタリオ州では中国系住民が中心となり、「いわゆる南京事件」を歴史的記念日にしようと粘り強い法律（州法）制定運動を展開している。自民党は今年の春くらいから、絶対阻止の立場で現地邦人と連絡をとるなど外交活動を行なってきた。七月中旬には、私は朝倉市の豪雨災害処理の合間に時間を作って、単身カナダ・トロント市に乗り込んで総領事館や邦人有志と綿密な運動も展開した。

爾来、私は、夏には災害処理に追われ、また今般の総選挙を終えて十月二十五日上京したところで、

今やオンタリオ州議会の動きが切迫していること、法律制定まではやらないが、議会の「動議」で「二十万人」を明記した日本非難の決議をするという。私は外務省の現状認識が非常に甘いとして、徹底して動議への反対運動を続けること、（万が一それが議決された時は）瞬時に厳しい抗議と議決の撤回をカナダに対し申し入れよと要求した。また河野太郎外務大臣にその旨電話を入れ、厳格な対処方を直接に申し入れた。

日本の外務省は対応が遅い、私はいつもそれを咎める。国の名誉と尊厳を守るためには、体裁や手続きを言う前に、まずガツっと一発相手方に抗議しなければならない、その時間こそが致命的なのだ。

10月27日（金）

「東京自動車ショー」（東京ビックサイト）

「モーター時代を越えて」（Beyond the Motor）と謳って、「東京自動車ショー」が今日は初日、開会式には皇室もお出で頂いた。今や自動車は、電気、自動運転、ＡＩ仕様、カーシエアリング……全く時代が変わろうとしています。経産省出身で昔の友人たちが各社の責任幹部として活躍していました。最新車種の運転席に乗ると束の間の夢に浸れたような。（引率はスズキの鈴木俊宏社長ほか）

10月28日（土）

福祉施設でのこと「お父さん、病気はどうだ」

福祉施設の秋祭りに参加しました。しばらく楽しい懇談の時間でした。別れようと車に乗った時、出口で私を呼び止める騒ぎ声が。職員に支えられて車椅子に乗った三十過ぎの女性が、満面の笑みで。言語障害者か、何を言っているかわからない、車を下りた私に懸命に身振り動作で訴えます。父親の名前、母親の名前……、私にはすぐわかりました、その両親はその昔、私のために本当によく頑張って、今や年老い、病気で引っ込んでおられるが、その娘さんという。むかし子供の頃、先生のこと家でよく聞いていました、と懸命に言う。先生、選挙はおめでとう、一緒に写真を撮ってと訴える……「お父さん、病気はどうだ」と私は大声で尋ね、強く抱き締めてあげました。

　障害を持って、あるいは苦労かもしれない、でも明るい施設で大事に介護されて、あの笑顔一杯のご挨拶。随分昔に、両親らと一緒に選挙を懸命に戦っていたことを瞬間思い出したものです。

10月30日（月）

河川関連、予算陳情集会

　九州全域の市町村長が集まり、河川関連予算陳情への朝食会。一般討論の最初に私が挙手をして、「朝倉・東峰村豪雨災害」について現況報告、今後の取り組みへの決意とお願い、周辺自治体からの応援とボランティア人々への感謝などを述べた上で、「この時こそ日本人の絆と結束力の強さを感じます」と結びました。森田俊介朝倉市長も同席。

11月1日（水）

真新しく、国会始まる

　総選挙を経て、新しく国会が始まりました。何度目の国会初日か、新しくバッチをつけてもらい、国会広場は初当選組などの華やいだ風景に溢れています。自分には大ベテランとしてのあまりに多くの仕事が待っています。心に期すものに身が引き締まる記念写真です。

11月1日（水）

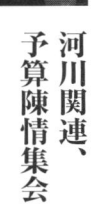

超、忙しくしております。

お陰様で、国会でも忙しくしております。議会活動と併せて来客も毎日十組を超え、出かけるところも多く、元気に対応できることは本当に有難いことです。

一、歴史遺跡発掘予算陳情財務副大臣、文部科学副大臣など（太宰府市長同席）

二、アパホテル開業祝い

11月2日（木）

忙しく（その二）

一、町村議長会の道路陳情（東峰村議長ら）

二、「日田・英彦山線」復旧に向けて（自見はなこ議員、東峰村長ら）

三、「高島易断」代表の表敬訪問

四、日本弁護士会役員との朝食会

11月2日（木）

「文化の日」と「憲法改正」そして『大空と大地の中で』

十一月三日、「文化の日」。この日は明治天皇の誕生日で、戦前は「天長節」、「明治節」と呼ばれていました。戦後、昭和二十一年十一月三日には日本国憲法が公布され（施行は翌五月三日）、「祝日法」ではこの日を平和と文化の両方を目指すとして「文化の日」と定められたのです。

福岡市にて「憲法改正を二〇二〇年に実現しよう」とする高校、大学の若者たちの大会に呼ばれたので、私は今度の総選挙では目一杯、正面から憲法議論をテーマにして、国を守る、自衛のためには「自衛隊」を憲法九条の中に明確に位置づけよと訴え続けたこと、多くの有権者に支持を受けたことを説明しました。若い人々が、参政権の引き下げ（十八歳）

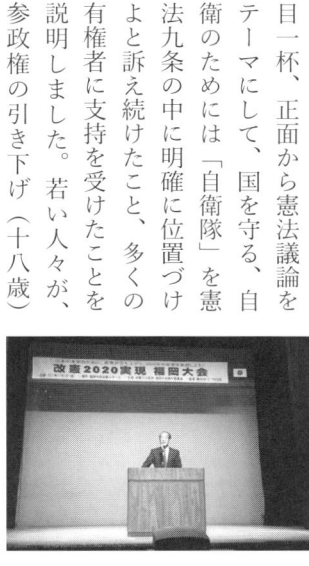

も含めてこれらの問題に関心を持つことがどんなに心強いかと結びました。

戸外には、若い遊戯隊が待機していたので、私は『大空と大地の中で』(松山千春)を歌ってあげて勇気づけ、一緒に記念写真を撮りました。

11月3日(金)

カナダの「南京事件問題」

カナダの「南京事件問題」は、私が最も注意してきた問題で、政府にも再三警告を与えてきた。七月には単身、トロントにも行ってきた。今日の産経新聞には私を名入りで取り上げていた。

いわく、中国人グループが南京事件を州法で「虐殺記念日」とするおぞましい反日運動を展開している。今回十月には「動議」による議会決議で済ませたが、彼らは執念深く法律成立まで運動を継続する意思表示と見なければならない。さらには隣りのマニトバ州でもその運動が飛び火している。日本としては今回の議会決議を撤回させ、続いての反日活動を辞めさせなければならない。

この問題、一事が万事、最初が大事と言ってきたが、間違いなく大きな国際問題に膨れてきている。外務省などにはいまだその認識が少なく、結局政治家の役割が大きい。

11月4日(土)

外国人・日本語作文コンクール

外国から技能実習に来た若者たち(技能実習生)の日本語作文コンクールが行われ、十人から発表を聞きました。ベトナムと中国が主で、来日一年前後、いまだたどたどしい日本語でしたが、いずれも日本の会社に勤め、懸命に勤務と学習を続け、慣れない社会と慣習の中で逞しく生きていることを訴えていま

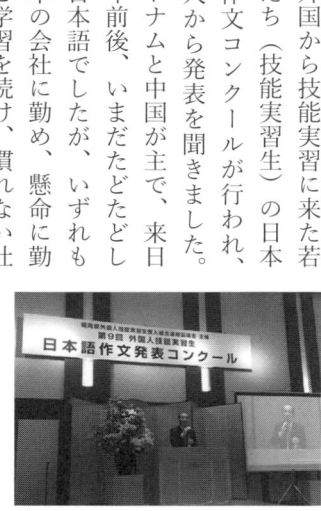

した。
共通するのは、日本人の社会はいずれも優しくて、自分たちを大事にしてくれること、自国に比べてもそう思うこと、また朝倉市の豪雨災害を一緒に経験した者も何人かおり、その際の日本人の沈着、協同した行動に驚いてもいました。多分嘘のない若者たちの言葉を直接聞くと、日本社会、日本文化の本当の素晴らしさを改めて自信に思うこと、「日本人は好き嫌いをはっきり言わない」（中国人）という指摘には大いに反省すべきと感じたところです。

11月5日（日）

祖国ネパールを立て直す

シェレスタ・光明・ミラン君はネパールからの留学生で、私の処に時折訪ねてきます。永平寺別院で起居し、東京の高校に通っています。祖国ネパールは、政治も動乱、中国の覇権圧力が強まり、宗教界も混乱の中にあります。
敬虔な仏教学徒で、日本でしっかりと道を修めて祖国に戻り、この国を精神的にも豊かで誇れる国にしたい、と遠大な気持ちを持っています。遠くない時期に帰国を余儀なくされますが、これら異国の若者を育てるのも私たちの大切な役割です。私は自著に「苦難福門」（福に至るには必ず苦難がある）と添書きしました。

11月6日（月）

トランプ旋風、どう生かすか。

トランプ大統領が来日して、日本の耳目を独占した。両陛下との会見、安倍首相とのゴルフと首脳会談、拉致《らち》家族との面会等々、都内の交通規制も含めてその存在感は際立つ。
安倍首相との関わりは一層強くなり、安保、外交、政治、経

済の全てで日米同盟の絆は揺るぎないものとなった。高く評価すべき。とりわけ北朝鮮問題、日米韓で制裁圧力を徹底することとし、中露への働きかけを強めることとした。貿易赤字を持ち出し厳しい二国間条約（ＦＴＡ）を示唆したこと、防衛装備の輸入増を約させたことなど実利も忘れなかった。

トランプ大統領が決定（当選）してちょうど一年、型破りな経歴と性格で予想はされていたものの実際の言動はそれを越える。大胆な政策、時には非常識とも思える政策を臆せず発表する、それをツイッターで打ちまくる、その決定と実行プロセスは、外からは見えない、あたかも途上国の独裁政治さえ彷彿とさせる、しかしその実、今アメリカの経済と金融、雇用は絶好調、対北朝鮮軍事方針は筋を通し、もしかして緻密な計算と人事の上に成り立っているのかで驚かせもする。

いわゆる近代政治のプロセス、例えば政府と議会、経済界や地方の動き、マスコミ、国民の支持……トランプ氏の言動はわれわれが慣れ過ぎた政治プロセスからすれば理解を越えているが、この一年、その強烈な個性と何より「大統領制度」に支えられて特異性を貫いてきた。さすがに国内ではトランプ氏の危なっかしさが故に支持率四〇％を越えることのない低人気らしいが、アメリカ人は自分たちが選んだのだから文句は言えまい、ただトランプ大統領の挙手投足が全て直接間接に及んでくるからには、世界の国々とりわけ同盟国にとっては決して楽な付き合いではない。今回の訪日を踏まえて、さらにアメリカ政治を理解し、今後の日米関係をより良いものにしていくこととなる。

かくして大統領機「エアフォースワン」は、つむじ風を残したまま、西の空に飛び去って行った。

11月8日（水）

アルテ・サロン Hidg 三十周年記念と「出会いを大事に」

ＡＳＨのブランドで内外にグループ百五十店舗、一千五百人を展開するアルテ・サロン Hidg は美容業界の風雲児として躍進を続け、今年三十周年を迎

える。主宰「吉原直樹」氏は「人を大事に、出会いを大事に」をモットーに多くの企業と人材を育て、ついに「横浜から日本へ」という大なる目標を実現してきた。

吉原氏は若い美容師たちを徹底して大切に扱い、いずれは「暖簾分け」で自分の店を持たせる手法は、人をして感動させるものがある。私も随分昔に、会社の労働争議だかで少し手助けしたことはあったが、その私を「人生の師」呼ばわりで紹介されると面映ゆいばかりで、これからも多少は手伝いせざるを得ない。

11月9日（木）

福岡県知事らと朝食会

福岡県知事、福岡市長ら地元の幹部と朝食会を挟んで来年度の予算編成の陳情を受けた。朝倉市など豪雨災害の復旧、復興予算も重点課題となった。

（私からは中央情勢について説明した）。

11月10日（金）

国際少年空手道選手権大会

千葉県浦安市で国際少年空手道選手権大会が行われ、私は「大会名誉会長」として表彰式に立ち合いました。年齢は小学校一年から中学校まで、ネパールとパキスタンから多くの選手が参加していました。

空手は型と組手（打ち合い）とがあり、一見危険に見えますが、基本とルールをきっちり守れば決して危険ではなく、心技体の三位を一体として鍛える日本古来の武道です。流派はたくさんありそれぞれ立派な哲学と手法を持っていますが、二〇二〇年の東京オリンピックでは、統一ルールによる正式種目となることが決まっていま

す。私は柔道選手として育ちましたが、同じ武道家として空手道を深く尊敬しています。

11月13日（月）

インドの大砂漠を緑地化した『グリーン・ファーザー』を誇る

日本が重工業化に取り組み経済先進国になろうとした一九六〇年代、アジア諸国はいまだ当然ながら貧しく飢えに苦しんでいた。一人の日本人がインドのパンジャブ地方に渡り、あまりに広い不毛な土漠を目の当たりにした。飢饉では三年間に五百万の餓死者が出た、地方政治も為すべきことを知らない。日本人は国に持つ全ての私財（百四十億円余り）を投じて、四七〇キロに及ぶこの荒地を二十六万本のユーカリの木で埋めて大緑地、大農地に作り変えた。三〇〇〇キロに及ぶヒマラヤ裾野の荒地の緑化にも尽くした。人々はその努力と成果に大いなる感謝を捧げ、ついには彼をインドの『グリーン・ファーザーGreen Father（緑の父）』と呼んだ。

その人とは元陸軍少佐『杉山龍丸』氏、福岡県筑前町の出身である。

実はこの史実、インドの要人に聞いても今やあまり知られていない。福岡地元においても今や知る人ぞ知るでしかない。私も知らなかった。二、三年前から私は郷土の誇りグリーン・ファーザーのことを勉強する運動を始めた。偉大な先祖を知ることは、国を愛し、誇りに思い、自分たちが未来に向かって何を為すべきかを学ぶことになります。

「杉山満丸」氏は、当の杉山龍丸氏のご子息で、そのことで知り合い、今では私のかけがえのない同志です（集合写真左端は私、杉山満丸氏は中央の大きな男性です）。

11月14日（火）

「地方国道」予算確保へ

国会周辺は連日、地元や業界の多くの人の予算陳

情活動で賑やいている。「九州地方国道協会」では九州全域二百の市町村が予算獲得の共同行動を展開している。各県は代表都市の市長がそれぞれ自県の地域特性を説明しながら、災害対策、道路整備等今後の発展ビジョンを訴える。福岡県は新進の「倉重良一大川市長」が代表して、筑後地区道路網整備などの説明を立派に行なった。

11月15日（水）

アメリカ大使らと挨拶

アメリカ大使館のパーティーに呼ばれて、大使らと交歓した。ハガティー大使は実業家出身で、ケネディ大使の後任、着任したばかりで四、五ヵ月になる。トランプ大統領の期待が非常に大きいとされる。しばらく会話したが、なかなか歯切れよく日米関係もうまくいくのではないか。

11月16日（木）

キルギス共和国、独立記念日

中央アジアのキルギス共和国の独立記念日で、日本との国交二十五年記念日も兼ねたパーティー（帝国ホテル）に呼ばれました。私はキルギスとも深い縁があり、三度ほど訪問しており、多くのキルギス人のお世話もしています。

いまだ貧しい国ではありますが、近年には日本からの企業進出も増えており、何より中国の真裏に位置する中央アジアに強固な親日国家を作っておくことは大事なことです。駐日のチンギス大使は若くて活動的で、日本に懸命に溶け込もうと努力しています。議員連盟の中谷元会長

らと共に、来春あたりに親善訪問する計画を立てています。

鷹匠の藤田征宏氏も呼ばれましたが、キルギスこそ世界の「鷹」文化の発祥地だということで、私が大使と引き合わせたものです。テレビ取材にも応えておきました。

11月20日（月）

衆議院本会議、直前

衆議院本会議の直前には必ず自民党の「代議士会」が開かれ、議院運営筆頭理事からその日の審議予定案件の説明が行われます（場所は院内第十四控室）。普段は「代議士会長」の船田先生が議事を取られますが、今日は私が「代議士会副会長」として議事を進めました。議会というところは、法律とか条約とか全て議論のプロセスは延々と長いものですが、最後はこの代議士会、本会議を経て採決されます。

なお、だいぶ昔には、私が毎日その日の審議予定を説明する議運筆頭理事を担当していました。

11月21日（火）

八幡製鉄（新日鉄）入社四十九年目

「八幡製鐵」に昭和四十三年に入社した者の東京同期会。同社は昭和四十五年に富士鉄と合併して「新日鉄」となりました。私は一年で退社したのですが、爾来いつも同期会には呼んでもらっており、彼らの熱い友情には感謝していいます。もちろんお互い歳をとり、しかし会えばあの若き日に戻ります。早退する私を「フレーフレー、原田！」で送ってくれました。来年はついに半世紀、五十年目の同期会となります。

11月22日（水）

大相撲の危機

大相撲は決定的危機にある。今、大相撲は九州場所で我が福岡県人にとってはとりわけ縁が深い。30以上の相撲部屋の宿舎が県内あちこちに散らばっている。横綱、大関など有名力士も結構身近な存在となった。私なぞ場所前にはいくつもの部屋の激励会に呼ばれて挨拶をし、また千秋楽の夜には打ち上げや祝勝会などをはしごする。だから余計に悔しい。

横綱日馬富士の暴行事件は刑事問題にもなる。相撲協会内の内紛も絡んでいるとかで単なるスポーツ選手の不祥事ではなく国全体の社会問題になってきた。最終処理や処分までには相当の時間がかかる。

横綱白鵬が十二日目（十一月二十二日）全勝の後一敗したが、行司の判定を不服として露骨な抵抗姿勢を見せた。全ての国民はびっくりして、眉を顰《ひそ》めた……。

この二事件は、相撲協会のガヴァナンス（統治能力）が決定的に弱くなっていることを意味する。日本の大相撲は実は単なるスポーツ団体ではない。それは日本の古い文化と神代からの歴史を一身に体現した日本固有の「歴史＝国体？」そのものとも言える、ただ勝つか負けるかだけのスポーツ競技なら、これほどまでの儀式や作法は要らない。

その大相撲は今や、土俵の実力においてモンゴルに乗っ取られて久しい、もう十年を越える。今回の事件の当事者がモンゴルの最強の二横綱だったのは偶然ではない、むしろ彼らだから起こせた、相撲界を制しているから、平然と起こす。協会は厳しく律せない、厳しく処分できない。ただ遠慮して増長させている。個人の素養や倫理感とは別物でもある。要はモンゴル勢が日本の国体を舐めている、というだけのこと。

結局は全て日本人力士が弱い、だらしないからである。協会が弱気になる。だからこれからも起こる。結局は日本人が強くなるしかない、もしくはもう外国人を入れさせないか。
たかが相撲、されど相撲である。
11月24日（金）

大相撲千秋楽、再起を祈る

大相撲九州場所、日馬富士暴力事件など多くのことがありましたが終わりました。場所後は本格的に調査、処分が行われます。

今日は事件には多分無関係の「田子の浦部屋」の打ち上げに呼ばれ、不調だった横綱稀勢の里、大関高安、田子の浦親方らには、来場所に向けて頑張れと激励してきました。

また誇りで胸を張れる『国技大相撲』を取り戻して欲しいものと願っています。

11月26日（日）

福岡博多港の終戦「引き上げ」を記録する

福岡は今やアジアへの玄関口として、当然のように繁盛、発展しています。博多港には年間三百隻に上る大型客船（クルーズ船）が中国などから停泊して、街は観光客、買い物客で溢れています。

終戦前後は国のあらゆる地域で大きな混乱と困難がありましたが、博多港の引き揚げの事実を知っておくことは大切なことです。博多港が終戦時、外地からの日本人引き揚げ港として非常に重要な役割を果たしたことは後世に伝えておかなければなりません。五百人を越える不幸な女性たちがこの港に引き揚げて、「二日市保養所」に送られた事実も忘れてはなりません。

写真は福岡市「博多港引き揚げを考える会」。

11月27日（月）

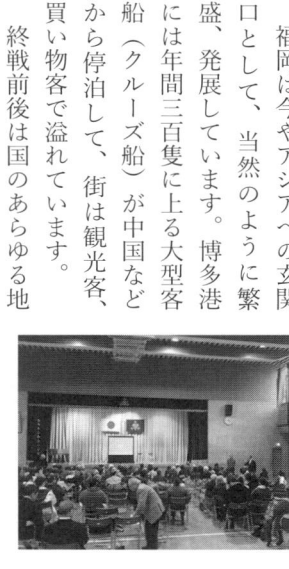

高杉晋作vs勤皇の歌人「野村望東尼」

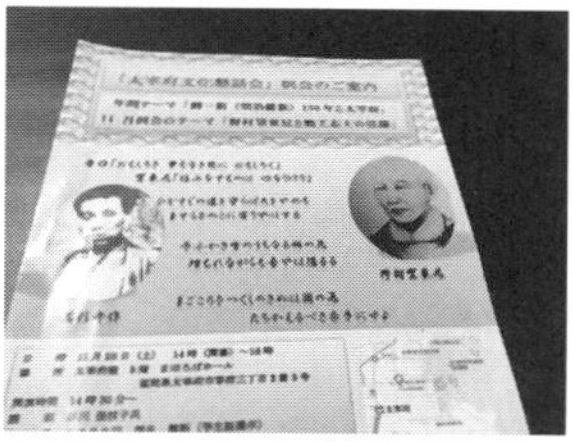

幕末から明治開国にかけては長州（山口）、薩摩（鹿児島）、土佐（高知）が大いに活躍したが、ひとり筑前（福岡）のみは目立たなかった。しかし多くの勤皇志士たちが、実は秘かに往来、活動した要衝こそ紛れなく筑前の地であった。太宰府天満宮、平尾山荘などで、「野村望東尼」は歌人にして、月照、高杉晋作、平野国臣、月形洗蔵など傷つき苦しむ多くの志士たちを懸命に支えた政治的女傑であった。

（高杉晋作）「おもしろき事もなき世におもしろく…（望東尼）住みなすものは心なりけり」〈訳〉おもしろい事もない世の中を躍動させるのは、新しい世を創ろうとする一途な心意気である。

「ひとすじの道をまもらば手弱女もますらおの子に劣りやはする」〈訳〉一筋の道を懸命に生きてさえいけば、弱いと言われた女でも決して男などには負けはしないでしょう。

「太宰府文化懇話会」。講師は谷川佳枝子氏九大文学部卒、野村望東尼研究者、谷川浩道西日本シティ銀行頭取夫人。

11月28日（火）

日馬富士、引退

暴力事件の責任をとって、横綱日馬富士が引退した。複雑な経緯を経て、いまだ真相判明せずであるが、彼の引退は当初から予想されていたもので大きな驚きはない。むしろもっと根底的なもの、「国技」としての大相撲が権威と品格を失っていて、それを内部では最早規律できないという懸念。要はモンゴル勢に席巻され、白鵬などモンゴル勢から虚仮にされている事実。結局日本人力士が強くなるしか方法

はないか、さもなくば「国技」という裃を捨てて一般のスポーツ組織（スポーツとは勝つか負けるだけが重要）になるか、という瀬戸際にある。
　横綱日馬富士の引退は、残念である。彼の伊勢ヶ浜部屋は十一月の九州場所では毎年太宰府天満宮に仮宿舎を構え、太宰府市民と最も近かった。私も関係行事にはしばしば駆り出され、日馬富士の大関昇進、優勝、新横綱土俵入りなどには親しく出席した。その横綱がこの形で引退することは個人的にも慚愧に堪えないが、もって瞑すべしか。

11月30日（木）

対外情報戦略を強化せよ

　自民党の「日本の名誉と信頼を守る特別委員会」（中曽根弘文委員長）では最近の国際的反日活動について活発な議論が行われた。外務省からの説明に続き、多くの議員から激しい意見が続出した。案件はユネスコの記憶遺産、慰安婦問題に係るサンフランシスコ市の決議、大阪市との関係、韓国の慰安婦問題国会決議、カナダ・オンタリオ州の南京事件記念日問題等々、いずれも我が国にとっては極めて不名誉な事案であって、強力な対策が必要とされる。私も厳しい檄を飛ばしました。

12月1日（金）

太宰府市議会選挙と民主主義

　地元の太宰府市議会選挙が行われ、自民党、保守系の議員は大方当選してくれた。今回の選挙はそもそも世にも珍しい。まず議会において現市長の不功績を突いて「不信任」を出したところ、満票で可決。市長は臆せず議会を「解散」したため、いきなりの市議会選挙となった。新しい議会でも市長の不信任

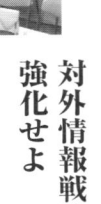

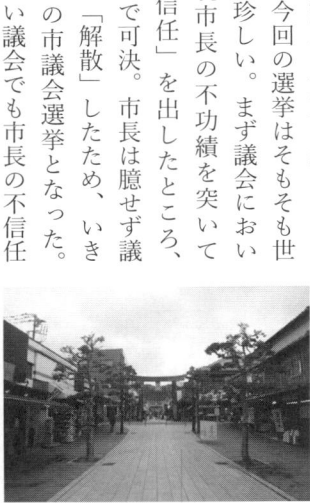

案は直ちに成立し、その失職に伴う市長選挙が来年一月末に行われる。その選挙にも市長当人が立候補すると明言しているところが、また珍しい。

太宰府市の政治的混乱は、やはり前回の市長選挙で最適でない人が当選したことに始まるが、この地を政治基盤とする私の不徳にも遠因があると認めざるを得ない。選挙は市民（有権者）にとって最も神聖かつ最高の判断であるが、当然その対価も市民が払うことになる。選挙で誰が出るか、そして誰を選ぶか、民主主義の本質が図らずも隠れ見えた瞬間である。

選挙に直接間接に関わる人間は、私を筆頭に、一層身を律しなければならない。

12月6日（水）

トランプ大統領、エルサレムに大使館を移す

トランプ大統領がイスラエルの米大使館をテルアビブからエルサレムに移すと発表し、世界中が大騒ぎとなった。エルサレムとは、パレスチナ地域内でイスラム教、キリスト教、ユダヤ教という三つの宗教と民族が狭い所にひしめいて、超微妙なバランスの上に成り立っている場所、トランプ大統領は選りに選ってそこに米大使館を移し込むというのだからもはや正気の沙汰とは思えない。去年の大統領選挙中、それらしき発言はしていたが、メキシコでの国境壁を作るなどと同じ戯れ言としか考えてもいなかった。米国国内でユダヤ系が喜ぶ以外その意図がわからず、国際社会を自ら混乱に落とし入れるなど本当にこの大統領はどこまで愚かな人間なのかと、率直に思わざるを得ない。

12月8日（金）

「独禁法」改正に一歩

私は自民党「競争政策調査会会長」をしばらく務めていますが、今日は大きな動きがありました。こ

の調査会は「独占禁止法」（「独禁法」）を主として扱う組織ですが、今回「公正取引委員会」（「公取委」）の出すその改正案を検討するにあたり、産業界、弁護士会などから強力な対案が出た。原案はいわゆる「裁量的課徴金」の導入であるが、それなら事情聴取時での防御権やいわゆる「弁護士依頼者秘匿特権」など手続き保障を法制化せよという弁護士会らの強い主張。公取委と関係者、関係業界との調整や交渉を半年以上、私が主として主宰してきたが、ついにまとめるに至らなかった。

かくして年末を区切りに委員会を開き、今日までの折衝の経緯を説明し、来年以降の取り組み方針を決めた、曰く「手続き保障の法制化も目指す」として、法制化を視野に本格検討に入ることとした。

法律議論自体、高度に複雑、困難にあり、また仮りに成案ができても、それが自民党や内閣、公取委、法務省などを通るかは甚だ不透明である。しかし、いかなる時でも、それが国家、社会のために正しいことなら死力を尽くすというのが私の主義でもある。

12月9日（土）

アパ懸賞論文発表

第十回を数えるアパグループ主催の「近現代史」懸賞論文の発表会が行われ、私はその審査委員として出席しました。元谷外志雄代表率いるアパグループは、日本を代表するホテルグループとなり、かつ今や世界市場をも目指す勢いですが、一方で保守論陣を支える行動派として幅広い活動を地道に続けています。毎年広く懸賞論文を受付け、その結果は内外に大きな影響を与えるようになりました。

今回の最優秀賞は原子力放射能の健康被害につい

て科学的に徹底分析をした東大の「稲恭宏」氏に決定、私はその論文に対しては「日本人のタブーに勇気を持って切り込んだ」と論評しました。

12月10日（日）

インドで日印（日本＝インド）関係「グリーン・ファーザー」を称える

十二月十一日、成田から約十時間、インドの首都デリーに着きました。デリーでは四年に一度の国際交流大会「グローバルパートナーシップサミット」Global Partnership Summit が行われ、私は主催者のビバウ・ウパデアさん、ほか自民党の二階幹事長にも勧められ出席することとなりました。

大会は専ら民間の主催ですが、延べ二千人を越す大規模な国際大会で、地元のインドを中心に周辺のアジア諸国、アメリカ、ヨーロッパなど学者、実業家、政治家、行政関係者、マスコミ、若手の運動家と出身は多様、取り上げるテーマも政治、経済、金融、環境、スマートシティーづくり、ヘルスケア、技術開発など多岐に及びます。合間には欧米のミュージシャン、地元の伝統踊りなどの盛り上げもありました。

私も日本代表として登壇しましたので、私は、日印関係の重要性、とりわけ過般のＡＰＥＣ首脳会談で決まった「インド太平洋パートナーシップ」の重要性を謳ったあと、今回密かに準備したいわゆる「グリーン・ファーザー」Green Father 伝を全力で訴えました。曰く「日本人杉山龍丸は一九六〇年代前半、自然破壊と砂漠化により飢饉と貧困に喘ぐパンジャブ地方の人びとのために、日本の私財百三十億円を投じてユーカリの植樹をはじめとして開発発展に尽くした。広大な地域は緑化して豊かな農業地帯と変わり、パンジャブは今やインドにおいても最も豊かな地方のひとつと呼ばれています。人々には感謝の意を込めてグリーン・ファーザーと称されている。日印友好のシンボルとして末長くに伝えていくに値する話である」。

大会二日目には、岸信夫元外務副大臣が安倍首相のメッセージを祝辞として読み上げられました（岸氏は安倍氏の実弟にあたります）。メッセージは多岐に及び、日印関係が政治経済全てに及びその友好関係を強めることが世界の平和と繁栄に貢献する道であるという内容で、さらに会は盛り上がりました。私も同じく登壇しており、演説の機会を頂いたので、前日とほぼ同じ、日印関係の重要性と合わせて「グリーン・ファーザー」の件も強調しておきました。続いて京都市長の門川大作氏（和服で有名）がインド・バラナシ市との姉妹都市関係について詳細な報告をされた。

12月14日（木）

インド大陸を馳せる「グリーン・ファーザー」を求めて

インドの三日目、意を決してグリーン・ファーザーの原点を目指すこととした。首都デリーを北に向かう高速をひたすら走ると、五〜六〇キロより先ユーカリの並木が両側に延々と続く。この地には元々ユーカリは馴染まない、そこを天突くようなユーカリの整列が至る所に走る、これこそ杉山さんの発案ではなかったか。

「パンジャブ自然地質研究所」を訪ね当てて所長のパルボドシャルマ博士と会う。古い話で所長も知らなかったが、所長からは方々に電話してもらい、心辺りに紹介も受けた。ついにハルヤナ州にあるスアコマジュラという寒村に到達、着いたのは夜九時前、三〇〇キロ以上を走ったことになる。訪ねたグルメルシンさんは村長格の家柄で、来訪者記録には何人もの日本人が杉山龍丸さんについてのコメントとその署名を明確に残していた。隣地は村の小学校で、その敷地には杉山さんが植えたとされる菩提樹がすでに大きく育っていた。この村人の先代たちが、杉山さんの活動を支援し、杉山さんはここを拠点に数百キロ四方の荒地を懸命に緑化

してまわったのだろうか。

　分からないことばかり、しかしあの大インド大陸の、その北部パンジャブ州だかハルヤナ州だかカシミール州だか、ついには村人にも辿り着き、一応の感触は得たことになる。三〇〇キロを走り戻ってホテルに入ったのは深夜二時過ぎ、地方のインドを車窓から垣間見続けた一日でもあった。

12月16日（土）

囲碁、プロの胸を借りる

議員の囲碁クラブでは年に二度ほどプロの指導を受けています。師走の一夕、東京の囲碁の殿堂「日本棋院」でプロの指導を受けました。プロは何人かを一緒に相手され（多面打ち）、終わった後、それぞれ並べ直して指導されるのですが、信じられない奥深さです。結果、五子置き、三目勝ち。（西田則一先生。多面打ちは後藤田議員と）

12月18日（月）

沖縄の叫びと涙

自民党本部の安全保障調査会。我が国のこれからの安保政策が議論された。ほんの数日前、十二月十七日、宜野湾市で、米軍のヘリコプターから窓枠パーツだかが小学校校庭に落下した。乗員の不注意による。校庭には子供たちが遊んでおり、寸手のところで事故は免れた。防衛省当局は、その経緯と再発防止策などを延々と説明した。米軍にも厳しく抗議したという。だからと言って、我々議員の心に響くものは何もない。

　沖縄からは自民党県連の照屋会長（県会議員）が特別出席をして現状を訴えた。それは文字どおり血を吐く叫びとなった。「米軍が沖縄を守る、ということは誰も信じない。事故、事件がどれだけ続き、

県民を痛めているか。それを全ての新聞が毎日、大袈裟に、大々的に書く、全て自民党が悪いと書く。これで選挙に勝てるはずがない。衆議院選挙でも負けた、これから市長選挙も県知事選挙もある……」

　本当に気の毒である。政府も自民党本部も実はなす術を持たない。ただ分かりましたと応え、そしてそれでも国家国民のために頑張ってくださいと手をあわせるしかない。沖縄を救え、と祈るしかない。

12月20日（水）

国士舘創設者「柴田徳次郎氏」顕彰碑

福岡県那珂川町にて、政治家にして教育者、国士舘大学創設者の「柴田徳次郎氏」の顕彰記念があり、私も発起人として参列した。柴田氏は那珂川町別所出身、生誕百二十七年にして今年は国士舘創設百年にあたる。氏の胸像と揮毫「誠意、勤労、見識、気魄」が公開され、公営広場の一隅が俄然と正気を放ち始めた。

　那珂川「町」は来年十月に「市」に昇格する。（合併でなく、人口増で）自律昇格は今や稀有の例だという。柴田氏顕彰は実は伸びゆく那珂川町を象徴するものでもある……。

　式典で私は次の発言をした。「……佐賀が早稲田の大隈重信を産み、大分が慶応義塾の福沢諭吉を産み、中に聳える勇県福岡が柴田徳次郎を産んだのは、けだし偶然ではない。玄界灘に洗われた北部九州、アジア大陸の息吹きにどこよりも早く、どこよりも激しく接したからである……」。

12月21日（木）

〈破られた賞状〉
国士舘創立柴田徳次郎先生（その二）

　国士舘大学の剣道部は、全国大会で二位（準優勝）となった。翌日、選手たちは皆で柴田徳治郎学長に試合の報告に行った。頂いた賞状を学長に差し

出したところ、学長はいきなりその賞状をまっぷたつに、続いてビリビリと破いてそれを床に捨てた。それをふみつけようとしたが、横にいた師範（指導教官）は学長に体を当てて、それだけは阻止した。

師範は床に落ちた賞状片を拾い集めた。別室に下がった選手たちは、皆泣いた……。

今、国士舘大学剣道部は全国大会でも圧倒的強さと伝統を誇る。大学道場の正面にはセロテープで補整されたあの賞状が掲額されているという。

（記念式典で孫の柴田徳衛、徳文さんの講演から）

12月22日（金）

「中露は競争勢力」トランプ大統領の新安保政策

米国は安全保障政策の指針となる「国家安全保障戦略」を発表したが、中国とロシアを米国の国益や国際秩序変更に挑む「修正主義勢力」と断じ、強国間の競争が戻ってきたと危機感を表明、国防予算拡大などを通じて、外交、軍事の強化を明記した。中国の南シナ海、ロシアのウクライナなどへの進出、侵略などを念頭に置く。半面、日印豪三国との同盟関係の一層の強化を訴える。

至極当たり前の方針であるが、トランプ大統領が就任して一年、とにかくこの大統領は落ち着かない、安定しない。北朝鮮の核ミサイル脅威に対する戦略は当然にしても、中露、とりわけ中国に過度に依存するなど、足元の定まらない姿勢が続く。中露こそ真の競争勢力という実相を知っていた、忘れていなかった、ことだけでも、今回の「戦略」は世界を安心させるものとなる。

12月23日（土）

天皇誕生日

皇居にての天皇誕生日祝賀会に出席しました。天皇皇后両陛下始め各皇族の元気なお姿には大変心強く思いました。雲ひとつない青空のもと、今年の参賀客は例年になく多かったといわれ、いよいよ天皇ご退位が迫ってきた感を思わせます。皇居に関わるたびに、日本人であったことの幸せを感じます。

12月24日（日）

全国高校駅伝大会

京都にて。都大路の全国高校駅伝大会。今年も地元の「筑紫女学園高校」（筑女）の応援に行って来ました。この学校には昔、娘が通っており、当時から京都は私の年末の楽しみ行事となっています。県大会を勝って全国大会に出ることだけでも本当に大変なことなのですが、今年も全国堂々五位に入りました（八位入賞）。昨年は四位でその実力はすでに折り紙つきですが、まだまだ優勝までには努力が必要です。

寒風が吹き荒び、大空を一身に抱き、コーナーごと大歓声を競い合う、広大な競技場スタジアム。眼下でははち切れんばかりの若鮎たちが覇を競うことで、私なぞ一年の雑念も一気にリフレッシュされたような気がしました。

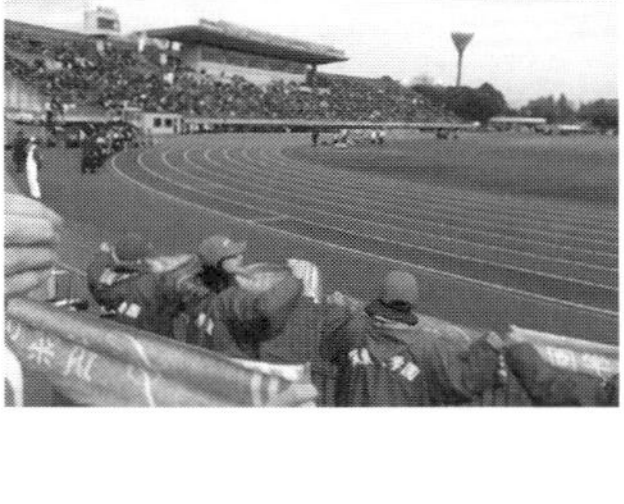

12月25日（月）

メリークリスマス（異聞）

小学校三年だったか。当時は雪深い北海道に住んでいました。朝、目が覚めたら枕元にプレゼントが置いてありました。包みを開けたらなんとスケートが入っていました。夢にまで見ていたピッカピカのスケートでした。どれほど誇らしく、毎日学校まで滑って通ったことか。もちろんサンタクロースのことはつゆほども疑いませんでした。

　私は今でも、クリスマスとかジングルベルの季節になると、まずあのスケートを抱いた瞬間を思い出すのです。クリスマスは、かくも楽しくも嬉しい。だから誰でも、メリークリスマスと言って心から祝い合うのでしょう……。

　ところが、実はアメリカでは、今はメリークリスマスとは言わず、Happy Holiday ハッピー・ホリデー（「楽しいお祭り」）と言うそうです。そこをあのトランプ大統領が敢えて Merry Christmas や Very, very merry Christmas と連発したことが話題となりました。

　〈理由〉メリークリスマスはキリスト教のお祝いであって、他民族、他宗教にとっては相応しくない、民族を分断するのではということでハッピーホリデーということになったそうです。そこをトランプ大統領は敢えてキリスト教徒への親近感を強調するために「メリークリスマス」を繰り返した。時代はそこまで来た、メリークリスマスも今や強く政治的な意図で使われるようになったということです。

12月26日（火）

唖然とする。韓国、慰安婦「日韓合意」を否定

　韓国政府の検証委員会が慰安婦「日韓合意」を検討し直した。あの合意は政府の外交を専ら優先させ、元慰安婦ら国内の意向を十分聞かないまま決めたものであって無効、いずれは再交渉、破棄すべきものと結論づけた。

　二年前、二〇一五年暮れに日韓合意は結ばれた。慰安婦問題という本来全くの虚偽、虚構から始まった問題に対し真面目に取り組むこと自体無意味であったが、安倍首相のお詫びまでとられ、十億円という血税まで約束した。ソウルの日本大使館前の慰安婦像を撤去した上で「最終的かつ不可逆的な解決」になるという明示的な約束まで含んでいたが、直後

の自民党の全体会議では、なお私ひとりが、あの国は本当に守るのかと限りなく慎重、反対の演説を打ったものだ。

結局、どうなったか。十億円は直ぐに払い込み、慰安婦像は撤去どころか釜山を始め、新像をあちこちに建て、ユネスコへ

の記憶遺産など反日運動の急先鋒に立ち、ついには大統領が変わると前政権の約束は反故にするとまで言い出す。国家同士で締結した合意を後でひっくり返すというのなら、国家の決断とはなんぞや。この国のやることに強い不信感とその統治能力を決定的に疑うことになる。

日本政府は当然にこの韓国政府見解を強く否定し、ひたすら「合意」の確認と履行を訴える。このつまらない問題で、とりわけ北朝鮮の核ミサイル暴発危機の最中に、今さら両国間で外交問題を起こして何がプラスか、この常軌を逸した韓国に日本は改めて唖然としている。

12月29日（金）

十億円は取り戻すべきか
慰安婦「日韓合意」（その二）

①一昨年の「日韓合意」に「十億円供与」の記載がある。大きな金額であり、外務省になぜ払うのかと質すると、「合意」全体を誠実に履行し、とりわけ日本大使館前の慰安婦像の撤去を条件にしていると説明した。

昨年八月頃、韓国で「慰安婦福祉（？）財団」だかができたというニュースが出た。併せて外務省の役人が来て十億円をその財団に払い込みたいと言うので、大使館前の像の撤去が条件だったはずだと詰問して、追い返した。その頃には釜山の日本総領事館前や竹島にも新たな慰安婦像を建てたとするニュースが流れていた。十億円の支払いについて外務省は何度も説明に来たが、「俺は反対するよ」と言い、現実に自民党の外交部会では反対演説を打った。

韓国にはむしろ金を渡しておいた方が交渉しやすいという考えも現実にはあった。もらった以上は無

言の心理的圧力になり、撤去への努力を加速する、金を戻せと圧力もかけられる……。
　金は、結局十月には支払われた。
②このたび、二年目にして、韓国政府は「日韓合意」を破棄することを明らかにした。「合意」を誠実に履行することもなく、慰安婦像は大使館前撤去どころか、釜山や各地に追加建設をも果たしている。十億円の金はすでに「元慰安婦と称する人々」一人あたり二百万円～一千万円支払い済みとなっている。
　この十億円の大金は、韓国が約束を破ったのだから即刻返せというのが筋である。日本政府はそれを

"慰安婦合意" 再交渉を示唆
韓国 文在寅大統領
外務省特別チームの検証踏まえ
「慰安婦問題は未解決」就任後初めて表明

どうするか。仮にそっくり返ってきたら、向こうはもう借りはないとして大使館前の撤去をもはや不問にし、「合意」破棄を当然のように主張してくるかもしれない。むしろ貸しを作ったままの方が今後の交渉には強く臨めるのではないか、そのための十億円なら安いものだ、と考えることもあり得る。外交関係とは、人間関係と同じで、様々な感情のもつれと狭間の中で決断される。
③韓国という国は、約束も守らない、金だけはもらってそれを恥とも思わない、本当に情けない国だと思われるであろう。「恥を知る」とは古来日本人の守るべき最も大事な徳目である。「武士道」や道徳、倫理、修身の教えの中ではおよそ「恥を知ること」＝「自らを律すること、礼儀、品性を守ること」と強調されている。より具体的には「不名誉なこと、卑怯なこと、見苦しいこと、人のせいにする事などを、しない」と書いてある。
　われわれ日本人も、もう一度自分を見直すことが迫られている。特に大企業の不祥事の頻発こそが日本人の道徳の頽廃を心配させる。

12月30日（土）

トランプ大統領、中国に激怒

　中国が北朝鮮に石油を渡している洋上での現場写真だかを衛星から送られて、トランプ大統領が激

怒、通商問題で報復するとの発言も。ロシアも北朝鮮に石油供給していることは公然の秘密とされている。トランプ大統領は北朝鮮の制裁強化に懸命であるが、この種の安保理決議からの脱法、違反行為は後を絶たず、北朝鮮抑制の実効性は上っていない。

　トランプ氏は中国、ロシアの活動に大きな期待を寄せているが、これらの国の対北イデオロギーを思う時、過度な期待と依存は絶対禁物である。中国などに適度にあしらわれているのはむしろ痛々しいくらいで、米国がより独自の戦略を立てること、それを日本が、できれば韓国が全面支援することが必要である。（私の本年最後の外交観）　**12月31日（日）**

平成三十年（二〇一八）前期

一月一日、本年も頑張ります。市長選には「木村じんじ」氏を

平成三十年が明けました。今日は初便で上京し、皇居での新年参賀に出席いたしました。

今年も国の安全保障、外交、経済運営、社会保障、さらには朝倉地域の災害復旧、復興問題などに政治が集中いたします。皆さまから与えられた使命をしっかり果たして参ります。

一月には「太宰府市長選」が行われますが、私たち自由民主党は前太宰府市教育長「木村（甚治）」氏を応援し、混乱する市政を立て直してもらいます。皆様のご支援をどうぞ「木村じんじ」氏にお寄せください。

1月1日（月）

福岡市消防出初式

福岡市の消防出初め式が行われ来賓として出席しました。昨年の選挙以来福岡市南区（一部）が選挙区になったこともあり、福岡市行事にも呼ばれることになったものです。百五十万人口を擁する福岡市だけに消防防災組織も巨大なもので、高島市長、小川県知事の式辞も力の入ったものであった。

1月6日（土）

太宰府文化の顔「貞刈惣一郎氏」逝く

「貞刈惣一郎氏」が九十八歳で往生された。長崎市出身、戦後大陸からの引き揚げ後、高校教師を経て地域の史

跡説明者として活躍、実に生涯、一万五千組、六十万人以上の人々に太宰府政庁など郷土の歴史と誇りを伝道された。戦争と圧倒的多くの戦友を失った実体験から、とりわけ東アジア、日中韓の平和構築の研究にも余念が無かった。八十一歳にして佐賀大学に入学し三年を経て修士号を受けられるほど、努力の人、有徳の人でもあった。

なお貞刈氏ら発案の郷土史研究会『太宰府文化懇話会』はすでに六十年の歴史と実績を誇っています。現在私がその会長を続けていますが、氏の遺訓をしっかり受け継いで、さらに同会を発展させていかなければなりません。

1月7日（日）

朝鮮南北会談――平和への第一歩？

韓国と北朝鮮が閣僚級会談を行なった。表向き、冬季オリンピックへの参加問題が主題と言われているが、政治的、外交的にも大きな影響を残した。この会談は米国からすれば、北朝鮮を元気付け、折角の国際的制裁を緩ませるとして警戒していた。併せて強硬の米国と宥和の韓国とを競わせることは「米韓分断」という紛れなく北朝鮮の術中に嵌まることになる。米国と日本は事前にも事後にも、その危険性を韓国に厳しく伝え、会談の評価は当然に否定的なものになった。

私はしかし、この南北会談は素直に評価してもいいと思う。閉ざされた北朝鮮を国際舞台に引っ張り出したことは、今後の平和的解決への環境造りともなる。軍交流も含めて、「誤解や偶発による戦争への危険性を極少化する」（グテーレス国連事務総長）という受け取りも参考にしておく必要がある。米国トランプ大統領との連帯と併せて、日本独自の思いがあってもいい。

1月10日（水）

韓国　慰安婦問題「新方針」

韓国は慰安婦問題「日韓合意」について、「破棄

する」（再交渉する）ことは求めないが、「さらなる行動」を日本に求める、「十億円」は別途国の予算で措置するが、「あの日本拠出の十億円」は今後検討する……と意味不明の「新方針」を発表した。

日本は当然ながら新方針に厳重抗議、「受け入れない。『合意』により最終的かつ不可逆的に問題は解決している。その誠実な履行を求める」（河野外務大臣）とした……。

論評するのも鬱陶しいが、要は韓国側が韓国国内向けに「合意」認めず、日本への不満を独り言しているだけで、日本政府の「一ミリたりとも動かない」と対応するのが正しい。ただ韓国はこれを機に慰安婦像を建て増すなど、いちゃもんつける動機にはするだろう。十億円については私が昨年十二月三十一日FBで解説したとおり。返してもらっても良いが、日本政府は受け取らない、何故なら「合意」は国家間で存続しており、もちろん拠出金は預けておいた方が無言の圧力になるから。

二〇一八年一月九日、韓国の文在寅《ムン・ジェイン》大統領は奇しくも二つの大きな政治的行動をとった。南北対話では類い稀な執念と政治力を見せつけた。対日慰安婦問題では愚かしいまでの行動しか取れなかった。国家の指導者として、強さと弱さが併存する、真の孤独と困難とを一気に味わった忘れ得ぬ日となったに違いない。

1月11日（木）

中国が主権侵害、尖閣諸島に軍艦、潜水艦

中国が日本の主権侵害。一月十一日、日本の固有の領土、尖閣諸島の「接続水域」に初めて中国海軍がフリゲート艦と潜水艦を明示的に配置した。これは明確にも日本の主権の侵害であって、当然「海上警備行動」など防衛出動の議論となる。国は外務省を通じて中国に厳重抗議はしたが、中国に謝る雰囲気はない。

外務省はさらに、それでも日中交流は推し進め、

首脳会談を進める方針は変えないなどと馬鹿なことを言っているが、主権を侵されながら、首脳外交にのこのこ出かけて行く国の指導者が何処にいるか。逆のこと、日本が中国の海域を犯して、中国がその時どう出るか、考えても見よ。

「日韓合意」問題はもちろん大事、しかし愚にもならない韓国を相手に血道を上げている間に、我が領土、主権侵害に切り込んできた中国には徹底した反撃を加えなければならない。中国がその版図（領土）を広げる上において、静かに既成事実を積み重ねていくいわゆる「サラミ戦術」を着実に採用していることに気を付けるべし。

『一寸の領土を譲るものは全部の領土を盗られてしまう』、とするドイツの法学者ルドルフ・イエーリンクの警告（「権利への闘争」）を今こそ日本人は想起しなければならない。

注「接続水域」＝国連海洋法条約に基づき領海の外側二二キロの範囲に設定する水域で、日本の法律が適用され、「無害通航」の通告がない限り領海を侵す行為として取り締まることができる。

1月14日（日）

美容師「日本一」世界を目指す

堺和晶さん。美容師、ヘアデザイナーとして全国大会で優勝、今秋には日本代表として「世界一」を目指します。日本一や世界一となれば気の遠くなるような目標ですが、「頑張ります」と力強く応えました。

福岡県春日市出身。福岡県美容協同組合六十周年祝賀会にて。

1月16日（火）

「木村じんじ」太宰府市長選燃える

太宰府市長選、「木村じんじ」候補予定者の総決起大会が開かれ成功裡に終えた。私は冒頭、応援演説に立った。太宰府市は歴史的、文化的、環境的にも国内外の注目を集める特異な都市であって、今日の政治混迷は一刻も立て直すことが必要。木村氏は立派に公務を全うし、とりわけ教育行政には秀でた実績を残した。国では今、初等教育にいじめや学力問題、高等教育にも研究開発競争などを抱え、国民には愛国心を広げるような骨太の教育議論が必要である。給食制度のようなローカル問題と合わせてしっかりやりとおし、堂々たる政策論争を展開して市民の選択を勝ち得て欲しい……と訴えた。

対抗馬が相当な強者であるだけに、決して楽観はできず、私は自分の選挙と同様、国会事務所の秘書団も招集して、選挙戦に当たらせています。

1月17日（水）

阪神大震災、二十三年目

一月十七日で、阪神大震災が起こって二十三年目になる。六千三百人が犠牲になったという。発災して二週間目くらい、私は崩壊した被災地を見て回りました。神戸から乗り物を乗り継ぎまた徒歩も入れて被災現場に到達、一階フロアーがそっくり潰れた神戸新聞社ビルだかが特に印象に残っています。テレビで有名になった「長田市場」でもごった返す人混みの中にいました……。

当時私は落選浪人中でした。様々の社会現象を学び、他日を期そうと懸命でした。その春、縁あって福岡に移り住み、選挙活動を始めました。昨年その

福岡にも大災害が襲った、あの阪神大震災の記憶が重なる大きなでき事でした。

1月18日（木）

太宰府市長選挙
「木村じんじ」氏総力戦

太宰府市長選挙が始まり、自民党、公明党推薦の「木村じんじ」氏が勇躍街中に跳び出しました。この選挙は前市長が議会との折り合いに失敗して不信任、失職を受けたもので、この一年余、太宰府は全国から不名誉な注目を集めてきました。この市長選挙を通じて市政の混乱は正常化し、歴史、伝統、文化と環境、今や国際的交流の中心ともなる太宰府市本来の姿に復活することになります。

お陰で運動も盛り上がり、知名度も着実に広がり、全力で頑張ればなんとか当選できそうと言われるまでになりました。

本日一月二十日の「出陣式」、昨十九日の「原田義昭新春の集い」、十六日の「総決起大会」といずれも成功裡に進んでおり、今後も必勝の態勢で臨みますが、皆様のご支援よろしくお願いいたします。

1月20日（土）

猿と共に生きる人

太宰府天満宮は、今参詣客で溢れています。「せんせーい」と大きな声がかかりました。猿心さんからです。自称猿心さんはいわゆる「猿まわし」です。天満宮の広場の一角に陣取って猿の曲芸で多くの見物客を楽しませています。

芸の最中「せんせーい、写真撮ってください」。私も言われるままに人垣の輪の中に入り、お猿さんと握手して、

はいパチリ。お猿さんの手は少し冷たく、爪は大変硬いものがありました。

私は猿心さんとしばらくの付き合いです。天満宮を訪ねると、つい猿まわしに顔を出し、猿心さん、今日も頑張っているのを見届けるのです。猿心さんは、近在では名の知れた猿まわしで、数匹の猿との家庭共同生活がテレビに出たことも。十年ほど前には『夢見る葡萄』というＮＨＫテレビ映画にも出演したことも。猿さんたちをこよなく愛し、その信頼しあった「父子関係（！）」は、芸を見る人々を感動させずにはおかないのです。

1月21日（日）

国会始まる

平成三十年の通常国会（第百九十六回）が始まりました。冒頭の議員総会にて、安倍首相（自民党総裁）からは「この国会は『人造り、働き方改革、憲法改正』がテーマです。政治家は結果を出さなければならない。」と、力強い挨拶がありました。

1月22日（月）

東京、大雪、一夜明け

昨日（二十二日）は夜中までしんしんと雪が降りました。この数年経験したことのない大雪です。夜会合から宿舎に帰るのに自動車は使えず、地下道をうまく使いながら歩いて帰りました。「雪に弱い東京」と言われますが、已むを得ないでしょう。

1月23日（火）

「木村じんじ」さんを太宰府市長に!!

太宰府市長選は日曜日に迫りました。厳しい接戦が続いていますが、「木村じんじ」さんの当選を確実にするため、あと一押しが必要です。太宰府市に限らず全てのご友人に「太宰府の木村を頼む」と頼んでください。何卒よろしくお願いいたします。このブログをシェアしてください。

1月25日（木）

「安倍首相はオリンピック開会式に行くべきでない」自民党外交部会

自民党外交関係合同部会。今朝（二十四日）の新聞（産経、読売）に安倍首相が平昌オリンピック開会式に出席するとの意向を表明されたのを受けて、出席議員全員から「反対、出席すべきでない」との意見が出た。

韓国政府が例の「日韓合意」に反対の趣旨を決めた直後、安倍首相は抗議の意も込めてもはや開会式には出ないと発表したが、今回それを撤回、政府方針の大きな変更と見える。我々議員も事前に全く知らされてもいなかった。会議では、首相が出席することで韓国、北朝鮮が事実上目指しているオリンピックの「政治利用」に我が国が完全に加担する、そのことを自ら認めてしまうというもの。反対意見は何十に及び、私は自民党としての反対の立場はこの際明確にすべきであって、その旨決議書の形で首相官邸に届けるべきであると発言した。

安倍首相が新聞会見とはいえあそこまで明言した以上、最後は安倍首相らが決める。日本外交はどこまでいっても厳しさが足りない。

1月25日（木）

敗戦の辞

太宰府市長選挙では私たちの推す「木村じんじ」氏は負けました。陣営全力を尽くしたところですが、有権者の下した審判は厳粛に受け止めています。お世話になった多くの多くの皆様に心から感謝を申し上げるとともに、関係者一同はさらなる精進を誓ったところであります。

皆様、本当に有難うございました。

1月29日（月）

市長選を省みて

太宰府市長選が終わった。自民党、公明党を加え多くの組織的な応援を得た木村候補陣営は全力を尽くしたが、武運我に味方せず。国政選挙をすでに六回経験して抜群の知名度を誇る楠田氏に、役所勤めを全うした木村氏が追いつくにこの二ヵ月ではいかにも時間が足りなかった。

様々に反省点はあるにしても、まず陣営各位は心身を癒して欲しい、しかるのち、この都市のためいかなる協力があり得るかを検討することになる。太宰府は言うまでもない、歴史、文化、環境、国際交流の拠点としても秀でた存在であって、楠田新市長の指導力をもって、本来の姿からさらに大きな飛躍を遂《と》げて欲しい。

1月30日（火）

バングラディシュの同志たち

バングラディシュの友人たちが訪ねてきました。かの国はご多聞にもれず政治が混迷しています。彼らは野党側に属しており、国内では政治活動が十分に保証されてないなど、大きな政治的困難を抱えています。

私の所には多くの国の人々が相談に来ます。彼らの苦しみを聴いてやるだけでも救いになると思っています。いつも「辛くなったらまた遊びに来いよ」と言って帰します。

2月1日（木）

米国「新核戦略方針」に見る危うさ

米トランプ政権が今後五～十年の新たな核政策の指針となる「核戦略体制の見直し」（ＮＰＲ）を公

表した。その概要、

『核使用は核以外の戦略的攻撃を受けた場合も含む、核の先制不使用政策を否定、世界は大国間の競争に回帰、中国、ロシア、北朝鮮、イランの脅威指摘、低爆発力小型核の導入、海洋発射型核巡航ミサイルの研究開発等』

「非核保有国への核攻撃はしない、新たな核兵器の開発はしない」とする二〇一〇年のオバマ大統領「核なき世界」方針を完全に放棄した。当然ながら北朝鮮の核ミサイル開発を念頭に置き、その抑止力強化を目指し、併せて中国、ロシアを含む世界の軍事情勢の中で、結局核装備の優位こそが戦争を抑止し、平和を維持する最後の手段である、というトランプ大統領の軍事観が背景にある。軍縮、核軍縮、核拡散防止という概念は取り敢えず大きく後退した。

我が国にとって核問題はとりわけ難しく、悩ましい。核の廃絶は当然に目指すものであるが、現下多くの核保有国が存在し、とりわけ北朝鮮の核ミサイル開発が強行され、日本の国土と国民が現実かつ急迫の脅威に晒されている以上は、米国の核戦略の持つ抑止力（核の傘）に依存することはやむを得ない選択である、と説明されている。

かくして今回の米国新戦略方針に対して政府はまず「高く評価する」（河野外務大臣）と発表した。

トランプ大統領の米国が世界の安全保障に最大のコミットメント（責任）を持っている（世界の警察官）のが現実である。また日米同盟ゆえに日本の平和と安全が米国に守られているのも現実である。

しかし、第二次大戦後の七十余年、世界の平和は結局軍拡と闘い軍縮と共にあった。ましてや核戦争だけは絶対悪として、日本は（被爆国をいうまでもなく）その廃絶運動の先頭にあった。抑止力など核戦略の持つロジックはわかった上で、なお核軍縮の旗は常に高く掲げてきた。一方北朝鮮の核開発への暴挙は、米国と共に我が国はいかなる口実も許さず、国際社会の徹底した経済制裁の最先端に立つ所以である。
　さてこの時点で米国は、世界への核政策を根本に改める必要性はあったのか。北朝鮮への対応と世界への核政策とをどう調整するのか、もう少し整理した方が良い。トランプ大統領の世界平和への責任意識に沿いつつも、論理が荒っぽく、その行く末に大きな危うさを感じることを禁じ得ない。

2月4日（日）

名護市長選、勝つ

　名護市長選挙で自民、公明連立与党推薦が勝った。沖縄の米軍普天間基地を辺野古沖に移設するにどれ程の時間と労力がかかってきたか。ようやく明白な見通しが立つこととなった。沖縄の基地問題が整うと北朝鮮、中国を含む東アジアの安保体制が格段に飛躍する。全ての国民とともに、この勝利を感謝したい。

2月5日（月）

夢のエネルギー〈溶融塩炉《ようゆうえんろ》〉を研究す

　自民党「資源エネルギー戦略調査会」の「新型エネルギー調査会」で「溶融塩炉」（MSR）の開発研究会。軽水炉型原発の後に続く第四世代原子力エネルギーとして溶融塩炉の開発を目指しています。放射性廃棄物をほとんど発生せず、かつあらゆる原子力発電の知見や安全集積を駆使することで「夢の原子力エネルギー」とも呼ばれています。私はこの六～七年、専門家グループと一緒に検討を続け、昨年、ようやく自民党の正規の検討組織で扱うことになりました。産業界、文科省、資源エネルギー庁、大学関係、国際組織の支援も受けています。次回は推進者の有馬朗人博士（元東大学長）の講演も予定しています。

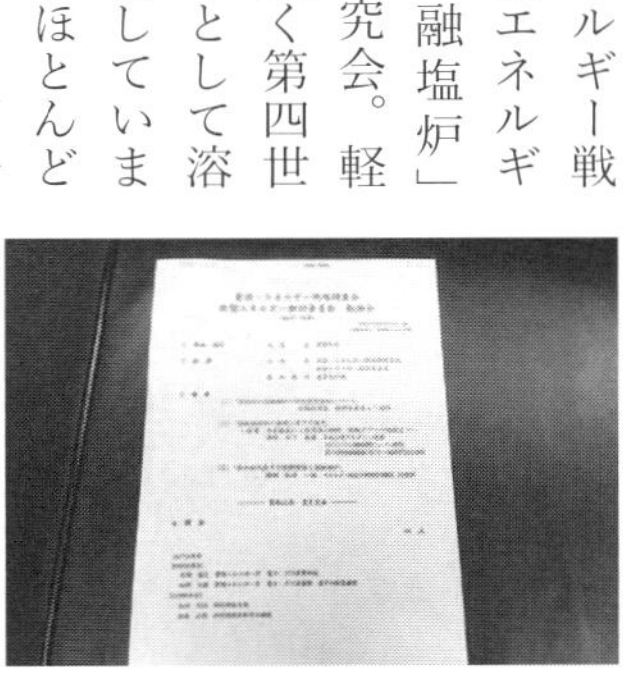

2月9日（金）

建国記念日「自信と誇りを取り戻せ」

　二月十一日、建国記念日。飯塚市の建国記念大会に呼ばれて記念講演をしました。わが国の建国は他国の独立記念日などと異なり遠く神話時代がその起点で、神武天皇から始まり今年で二千六百七十八年を数えるとされている。天皇家とともに我が国は一度として絶えることなく続いてきたことは世界で極めて珍しく誇るべきことです。明治六年に「紀元節」となり、昭和四十一年に「建国記念日」と定められました。（なお国旗国歌法は平成十一年制定）

　国の成立を祝い、祖先や先人たちを敬い、この国に生まれたことに感謝しつつ、さらに国の平和と繁栄を誓い合うのがこの日であります。

　しからば、今我々は本当にこの国を心から誇れるか。経済、財政、安全保障……はたまた慰安婦問題、南京事件、東京裁判、ユネスコ記憶遺産、尖閣諸島、東シナ海、歴史戦、情報戦、北朝鮮、中国の跳梁……問題はあまりに多い。これからの日本人には多くのことが残されている。

2月13日（火）

朝鮮人の「強制」徴用は無かった

　飯塚市の公営霊園の一角「国際交流広場」に旧朝鮮人慰霊碑があり、第二次大戦中の炭坑労働に「強制的に」徴用された朝鮮人の墓であると明記されている。往時地元の炭坑には数多くの日本人も斉しく徴用されており、朝鮮人だからと差別的に強制されたものは断じて無かったのだが、この霊園では敢えて「強制連行」を強調した極めて意図的かつ政治的記述となっている。戦後の歴史認識の中で近隣諸国の行う反日運動の一環としておこなわれており、市当

局や地元良識派との間で長年の紛争の種となっている。以前自民党の委員会でも取り上げたことがあるが、今回私は飯塚市訪問を機に現場の案内頂いたもので、今後さらに検討を進めなければならない。

2月15日（木）

安倍首相に太宰府天満宮「梅の使節」

首相官邸を訪れ、太宰府天満宮西高辻宮司らとともに天満宮の梅の花を安倍首相に届けました。今年は例年より寒気が強く梅の開花も遅いということで、この蕾は明日以降、一気に開花します。北朝鮮や予算委員会などで連日大活躍の安倍首相ですが、「これでまた元気が出る」と喜んでおられた。宮司からは庭内の梅味、巫女さんからは地元のバレンタイン・チョコが贈られました。

2月16日（金）

衆議院予算委員会、岡山市に出張

衆議院予算委員会は「地方公聴会」のため岡山市に出張しました。予算委員会は国会での審議が一巡した段階で地方に出かけ、地方の関係者と意見交換する機会を設けます。予算委員長以下議員十数人で岡山市に出張し、県知事、市長らと質疑応答することで、国の予算編成がより多角的チェックが図られることになります。先立っての市内見学では、来たこともない他の都市の特色に大いに学ぶところがありました。（岡山駅前もも太郎像、岡山城遠景）

2月17日（土）

日本男児、オリンピック頑張る。それを支える人々

平昌オリンピックも終盤に。日本選手たちも連日大活躍、テレビ、新聞も大いに賑わう。私たちの日常挨拶もつい明るく、そこから始まります。全ての国民が幸せそうで、スポーツの大きさ、オリンピックの迫力を改めて思います。

金、銀メダルの羽生選手、小平選手などはとりわけ本当に凄い。そもそもこの舞台でメダルを獲ること自体、本当に大変なことでしょう、想像もできませんが、私はそれ以上に、あの緊張感、全ての国民が祈っているというプレッシャーの中で堂々と演技し、最高の結果を出してみせる、その人間力、平常心を保つ精神力にもっと強い感銘を受けるのです。自分などは、前の晩に潰れるのではないかと心配したり……。

若い選手たちのその努力と精神力に心から敬意とありがとう、感謝さえ覚えます。

そして『相沢孝夫さん』、長野県松本市の相沢病院長。小平奈緒さんが信州大学を出て就職目指すもどこも雇ってくれない、相沢院長は小平さんの必死さを買って病院職員として採用、競技活動も認めてくれた。ついには遠征費など年一千万円も出してくれるように。相沢さん、「自分の給料を半分使っただけです」。

バンクーバー、ソチのオリンピックを経て、小平は着実に実力を上げて来た、そして、この二年間、スケート王国オランダに留学、長期出張扱い。そして無二の親友石沢志穂さんをサポーターに雇いあげてくれて。ちょうど十年経って、今回の大輪の金メダル、「大人しい小平が頼みに来た以上、余程必要だったのだろう。私は一度も勝てとは言わなかったですが」と相沢さん。

人に歴史あり、どんな事件でも、必ず物語があるものです。

2月19日（月）

「豪雨災害復興支援物産展」自民党本部中庭

朝倉市、東峰村を襲った豪雨災害から七ヵ月半、福岡地元は懸命に復活、復興に努めています。今日は自民党本部の中庭にて「豪雨災害復興支援・福岡物産展」を催したところ、厳しい寒さと小雨の中でしたが、恐らく延べ一千人強、びっくりするほど多くの賑わいがありました。福岡県民の熱意と自民党組織など世の中の支援体制には本当に有難い限りでした。地元福岡県からは小川県知事、渋谷東峰村長、自民党県連の蔵内会長ら県議団総勢二十人余、農協組合長ら販売担当…、自民党東京サイドからは二階幹事長始め役員、麻生財務大臣、松山国務大臣ら、横倉世界医師会会長、福岡県出身議員はほぼ全員、お

陰で販売物産はほぼ完売という報告を受けました。これを一つの契機として、地元復興対策を一層加速すべく努力する所存です。

なお、この物産展、昨年発災直後、党本部に被災者グループを何度も連れて行くうちに、二階幹事長から発案され、地元柄私が事務を担当しました。自民党中庭では各県の物産展が時折り行われていますが、実はいつも客が少ない、寂しい限りです。今回私の事務所が東京在住者、福岡県人会らにも徹底声をかけたことが奏功したかも知れません。朝出勤の時は、冷たい小雨に客の出足を大いに心配したものです。

2月21日（水）

〈二〇二〇年三月二十一日〉『Wood Legacy 国際大会』を開催へ

「木の総合文化（Wood Legacy）推進議員連盟」の役員会を開き、再来年二〇二〇年、東京オリンピックの年、三月二十一日に東京において「Wood Legacy 国際大会」を開くことを確認しました。昨

年は木の総合文化について議連を立ち上げ活発な活動を進めていますが、改めて「国際大会」の開催への準備を加速します。毎年「三月二十一日」は国連の「森林デー」として世界各地で記念イベントが行われていますが、二〇二〇年には日本に誘致することが決まっており、しからばこれを機に、およそ木の持つ機能、特性を国際的に確認して、社会、文化、伝統、環境、経済、産業ひいては国際平和にまで広げようとする遠大な計画です。日本の伝統技術を世界に訴えるまたとない機会でもあります。しかしいざ実現となると、急がなければあと二年では時間が足りないとなってきました。

（写真は、衛藤征四郎会長、私幹事長、役員ら）

2月22日（木）

地元農協、全国表彰

筑紫野市馬市地区農業法人が麦作によって全国表彰を受けました。福岡県は全体としても、麦作の非常に盛んな所です。

2月23日（金）

安西均の生誕記念式典

現代詩人、日本現代詩人会会長「安西均《やすにしひとし》」の生誕百年を記念して、生まれ故郷筑紫野市では詩作品発表会が行われました。小中学生を中心にたくさんの作品が応募されました。なお、川崎市在住のお孫さんが来賓として、思い出話しを披露されました。

受賞作（一般の部）

「玄関の戸を開けて」

九州産業高校二年　鎌田祐実

渡り鳥が住処へ帰るように
勤めを果たした男が今
あなたの元へ帰ります
とんとん
というまな板と包丁のしゃべり声
くっくっ
という鍋の笑い声
幼い子供二人がつまみ食いを企て
あなたがそれを叱るのです
ああ
ただいま

2月25日（日）

政治オリンピック終わる「米朝対話」に努力せよ

平昌オリンピックが終わった。競技も面白かったし、日本選手の活躍も事前の期待を大きく超えた。それでも北朝鮮の政治的言動は他を圧した。開会式には金正恩の実妹金与正氏が出て来て韓国文ジェイン大統領と会った。北への訪問を正式に招いた。米副大統領マイク・ペンス氏との秘密接触も予定していたがドタキャンした。閉会式には北朝鮮は軍人を送り、米国はトランプ大統領長女イヴァンカ氏が出席、米朝極秘接触は続いている模様。

米朝は韓国、文ジェイン大統領を介して実質的に交渉局面に入ったと言っていい。北朝鮮こそが終始攻勢をかける、現場での米朝接触も主導権を握る。代表軍人は「米朝対話に十分用意がある」とさえ言い残した。一方の米国は北朝鮮の「微笑み外交」は陽動作戦と見て受け入れない、中露の洋上船舶を規制強化し、NPR（核戦略見直し）を発表し、米韓軍事演習の再開を予告する……。

《北朝鮮問題に本格解決はあるか》北朝鮮は非核化へのコミット（約束）は多分、絶対しない。米国は非核化へのコミットこそ対話への絶対前提とする。両者に妥協点は無い。今後競り合いは延々と続く。米国は制裁と圧力を強化する、日本は当然、圧

力強化で米と同一行動をとる。

　しかし敢えて言う、例えば米は北の現状（核保有）はやむなく認めつつも完全凍結、不拡大への完璧な査察強化などがとれないか。少なくとも米朝一方の先制攻撃の可能性は、（極端な偶発事故を除けば）非常に少なくなった。日本にとっての最大の危機は武力行動があった時の潜在被害の発生とすれば、その危機は去ったといえる。米国と離れて日本独自の立場があってもいい、少なくとも米朝対話を推進することを躊躇することはない。粘り強く米国と北朝鮮の説得を務めるべし。

　実は東アジアの平和と安全にとって中国の膨張と覇権主義があることを片時も忘れてはならない。北朝鮮の脅威は大事だが、中国の持つ真の脅威は比類なく大きい。そこで米朝路線を正常化することは、実は米国を東アジアの安全保障に引き続きコミットさせておくためには必須な条件である。日米同盟も米韓同盟も、米国の東アジア関与は、朝鮮戦争のいわゆる休戦協定（一九五三年）に依るとされており、仮に北朝鮮問題が解決された暁（平和条約）には米軍が存続する根拠さえ失くすことになりかねない。

　日本の安全保障は、今後とも日米同盟を主軸に置きつつ、自主防衛と国際平和への主体的行動を強化することにある。オリンピックの熱戦は終わったが、本当の戦闘はこれからである。

2月26日（月）

医療専門誌『集中』誌、「特別賞」受賞

月刊誌「集中」の発刊十年記念大会において、私は「特別表彰」を受けました。「集中」誌は広く医療福祉を専門に扱う月刊誌ですが、その編集はあくまでも厳正な規律のもとに行われ、政権、医師会などともある時は攻め、ある時は守り、ジャーナリズムの原点を頑なに守り抜こうとする尾尻佳津典編集長の編集方針に依るものと考えられます。

同誌の活動の一環として「医薬と医薬品の未来を語る会」を三年前に発足しました。私も責任者の一人として参加しましたが、医療福祉問題について、広く情報を集め、積極的な政策提言を目指して、活発な活動を続けています。

2月27日（火）

ヨーロッパ大使との懇談会

英仏独伊露五ヵ国への（駐箚）日本大使が帰国中で、自民党では大使らの報告と議員との意見交換が行われた。これら主要国大使らの報告は最も生々しく、新聞等一般情報とはまたかけ離れたもので、彼らの日頃の苦労と生の情報の大事さを改めて感じることとなった。英国のＥＵ離脱の手続きは本当に大変だという、ロシアの大統領選挙で楽勝かと思ったら、プーチンはそれでも必死に選挙運動をしている、ドイツのメルケルは連立工作に予断を許さない……何処の国も外交内政、楽なところはないということです。

3月2日（金）

米国鉄鋼関税上げ、貿易戦争への引き金か

米国トランプ大統領が輸入規制、鉄鋼二五％、アルミ製品一〇％への関税引き上げを発表した。本音は中国との貿易赤字がひどくなり、その一番の原因が鉄鋼の輸入である。中国の鉄鋼生産量が圧倒的でかつその低価格が国際価格を引き下げ、米国の国内産業を損なっている。中国だけを狙う訳には国際ルール（ＷＴＯなど）上許されないので、世界中を相手に発動する。我が国への悪影響も大きいし、当然日本も米国には抗議した。中国、ＥＵなどはすでに

ＷＴＯ上の報復措置などを準備始めた。これが世界中の貿易戦争の引き金になるかもと懸念する。

「アメリカ・ファースト」の経済版である。トランプ大統領は、まず自国の内政が大事であって、自由闊達に方針を出す。国際社会への影響は甚大だが、それはお構いなし、二の次、三の次。大国のリーダーたるもの、普通は次元の高い説明をしながら、実は実利（国益）を稼ぐものであるが、トランプ氏の場合、全て思いついたまま、非常に分かり易い。外交、安全保障ばかりでなく、いよいよ通商問題にも及んできた。この傾向は、米国秋の中間選挙に向けて、一層強くなる。

トランプ氏の指導者としての精神力と実行力には敬意を表するが、同時にこの大統領で本当に大丈夫かというのが、当選以来彼に持つ、私の懸念である。

3月4日（日）

「博多万能ねぎ」出荷四十周年記念

「博多万能ねぎ」は福岡県朝倉市の特産品で、命名され出荷されたのが四十年になります。朝採れて飛行機で運びその昼には東京で食べられる、「空飛ぶ野菜」として全国区となり、爾来変わらず年二十億円の売り上げを続けています。「万能」とは、健康にも特に良い、「医者要らず、医者知らず」との意味もあり、今後とも発展を目指しています。昨年七月の豪雨災害ではかなりの被害を受けました。

御多分にもれず（コピー的）競合商品も多く見られ、私も来賓挨拶の中で「気を引き締めて、油断せぬように」と忠告しておきました。

3月5日（月）

柔道、レスリング……少年たちに未来を託す

およそスポーツ大会への出席は、仕事柄頻繁です。青少年大会も頻繁です。柔道もレスリングも、

むしろ自分でやりたいくらい、気持ちが高揚します。学生時代、本気で打ち込んでいたことを思い出します。

レスリング「三井ラビット杯福岡大会」（筑前町）柔道「スポーツひのまるキッズ九州大会」（粕屋町）……

「国歌斉唱には大声で歌うこと、日本人として生まれたことに幸せを感ずること、お父さん、お母さんに感謝すること、試合では全力を尽くすこと、最後の一秒まで諦めないこと、勝負は勝つことも負けることもあること、『勝って反省、負けて感謝』、友達と仲良くし、立派な日本人になること、二年後の東京オリンピックも目指せること……」

などを、私はいつも挨拶することにしています。この少年たちが必ずや明日の日本を引っ張ってくれます。

3月6日（火）

有馬朗人元東大総長、次世代エネルギーを語る

自民党資源エネルギー調査会、次世代エネルギー委員会では元文部大臣、元東大総長有馬朗人先生をお呼びして、日本の教育、次世代エネルギーなどについて講演して頂いた。先生はほぼ一時間、日本の科学技術が遅れ始めていること、国の高等教育費が他国と比べて非常に少なくなったこと、教育政策に対して政治の力こそ必要なこと。

軽水炉型原発が終わりつつあるが、再稼働を急ぐこと、次世代原子力発電には「溶融塩炉」こそが使用済み核燃料を処理するという利点を持ち、すでに米中初め多くの国が実用レベルに達しており、日本もその開発を急ぐべし等々……本当に血を吐くような熱弁をされた。八十七歳というご高齢で、なおその激

しい気迫と日本の将来に対する危機感については、我々今の政治家にとって直ぐにでも立ち上がらねばという強い使命を植え付けられた。

3月7日（水）

「岡本行夫氏」語る。米朝対話、始まるか。

高名な国際政治学者「岡本行夫氏」が自民党外交調査会で講演された。世界情勢について、それぞれ近現代の史実を踏まえて、ロシアのプーチン大統領、中国の習近平主席、北朝鮮の金正恩委員長はいずれも二〇三〇年以降も政権にある、ロシアはいわばスターリン時代へ、中国は毛沢東時代へ、北朝鮮は朝鮮戦争前に戻ろうとする、いわばこれら非民主国家では「復活＝先祖返り」を目指した新しい「独裁政治」に向おうとしている、とのユニークな分析と解説をされた。

韓国の仲介による米朝接触については、北の非核化は信用してはいけない、米国ワシントンへの核攻撃の完成（ミサイル一万三〇〇〇キロ、核弾頭小型化、大気圏再突入技術）までもう一息、それまでの時間稼ぎであって、日米は今後とも制裁圧力に徹すべし。米朝が武力で衝突する確率は一五％など。日本の防衛はミサイル防衛を強化し、発射基地先制攻撃もあり得る、核開発はしてはならない、と言われた。

なお私が「米朝対話」について、岡本氏と異なりもっと積極評価しているのは既報のとおり。実に今日、トランプ大統領は韓国特使の報告を受けて、米朝首脳会談を受けて立つとさえ明言した。

3月9日（金）

東峰村の木材を東京オリンピック・ビレッジに

二〇二〇年の東京オリンピック・パラリンピック

では選手や関係者のために選手村が作られるが、その際東峰村の木材が使われることになった。昨年にその一般募集があり、途中七月五日には九州北部豪雨災害が起こった。東峰村の山や道路、河川は大きな被害を受けた。今その災害から懸命の復旧復興の過程にある。

私は村長らと語らって、地元の元気付けのためにこのオリンピック企画に応募したところ、昨年十一月、激しい競争を経て当選を果たした。晴れてわが東峰村も、全国六十余の自治体とともに、東京オリンピック・パラリンピックに参加することになった。東峰村の銘木を世界からの選手、お客さんに見てもらうこと、さらに東峰村があの災害から雄々しく立ち直っている様子を全国に知らせることができる……様々な意味を込めて、このプロジェクトは本格的に動き始めた。

今日は渋谷村長を中心にした「東京オリンピック参加の木材実行委員会」が立ち上がり、私も役員として参加、今日はその旨を役場にて正式に記者会見、発表しました。

3月10日（土）

三月十一日、東日本大震災七年目 市民合同慰霊祭で

今日は東日本大震災の発災七年目に当たる。思い出すだに悲しくも辛い気持ちに覆われる。その日、その時間、私はちょうど東京から福岡に戻る飛行機の中にいた。福岡空港に着いたところ、異様な雰囲気だったので何かあったのかと係員に尋ねた。何か酷いことが東京の方で起こったらしいです、みたいな返事だった。

二週間くらい経った頃、東京の秘書らと何人かで東北の被災現場に向かった。高速道路は通っていたが混乱の中にあり、自衛隊のトラックが登り下り、せわしなく走っていた。福島県では進入規制が厳しく、何とかいう海岸には着いた。津波の現場には息

を呑んだ。浜にある建物の屋根に漁船が取り残されていた。テレビでは見ていたが、実物は本当に言語を絶した……。

悲しい現状が報道される。この人たちにとってこの七年間はどんなであったろうか、家族を五人も失くした人、妻や夫を亡くした人、父亡き後に生まれた子……慰めの術もなく、しかし彼らは間違いなく立ち上がろうとしていること、雄々しくも。

筑紫野市役所広場での市民合同慰霊式典に参列しました。一分間のサイレンと黙禱《もくとう》では、一万六千の死者と二千六百の行方不明者のせめてもの思いに伝わればと、懸命に祈ったものでした。 **3月11日（日）**

「五ケ山ダム」竣工、同じく三月十一日に

福岡県那珂川町を中心に福岡市、佐賀県にまたがる「五ケ山ダム」が竣工した。調査を始めて四十年、工事を始めて三十年、本当に大きく困難な工事でした。福岡県は天然環境からも水管理の難しい所、歴史的にも渇水と大水害を繰り返しています。治水と利水を目指した決定的解決こそこの五ケ山ダムでしたが、その行程はもちろん易しいものではなかった。国土整備は何事も、国と県と自治体との総力戦であることを感じます。

私も地元の国会議員として、直接間接に深く関われたことに誇りを覚えます。平成二十一年、総選挙で政権が自民党から民主党に代わった。民主党政権は全国のダム群を中止、廃止するという方針を出した。私は野党、落選となったが、その工事継続を国交省に懸命に訴えたこともありました（一時中止、直ぐ復活）。 **3月11日（日）**

楠田太宰府市長来訪

楠田大蔵太宰府市長が市長就任の挨拶に来訪され

た。市長選挙からひと月半になる。お互い万感を踏まえての面会となった。楠田氏とは衆議院選挙で都合7回戦った。その前の一回は、御父君幹人氏と私は戦った。今度の市長選も事実上、その延長上にあって、いわば私と楠田氏とは終生の政敵であった。

しかし、今度はともに力を合わせて、我らが太宰府を、福岡県を盛り立てて行こうとなった。大同団結である。民主主義とはそういうものである。人間や人格に不満があるわけでない、ただひたすら政治的主義主張と、持てる全てを競い合うことが民主的選挙である。戦い終えれば元の人間同士に戻ることは些かも不思議でない。楠田氏と私は、親子の世代差にあり、他に争うものは何もない。

堅い握手で初めての会見を終えた。　**3月12日（月）**

〈森友事件〉には、どう考えるか

森友事件で連日騒がしい。あらゆる報道がかかりっきりである。野党、マスメディアは政権、自民党が悪いと決めつける、政権、自民党はもっぱら防戦に回る。昨年初めからもう一年を超える。

自民党議員として思うところは複雑である。昨年二月、予算委員会で安倍首相が「少しでも関与していれば、総理も議員も辞める」と答弁したが、私も目の前でさすがにびっくりした。無実には自信があったこと、あの場面ではっきり言い切った方が説得力はあると思われたのだろう。（正直、この言葉は後で厄介になると皆直感したものだ。）

土地代九億円が八億円値引きされたということには、余程の合理的理由が必要になる。埋設された廃棄物の撤去費を買主側（学園）が負担するからというのが理由だが八億円を積み上げるのは容易ではない。籠池夫妻と関わったのは昭恵夫人の不運、または不徳と言わざるを得まい。また籠池夫妻を刑事訴追したのは、良かったかどうか、もちろん司法、検察の問題だが今後も厄介問題として残る……。

今年二月になって、終わったと思っていた森友事件は衆議院予算委員会で再燃。そして三月、予算委員会が参議院に移るや、朝日新聞の公文書書き替えすっぱ抜きを機に、（土地価格問題から離れて）、公文書取り扱いに焦点が移った。財務省近畿財務局（「近財」）で作成した報告書（公文書）がいつの間に大幅に書き換えられていた。

その書き替え（改ざん）はいつ、誰がやったのか、に関心が移った。あり得るとすれば、八億円の値引きを説明するに政治家や昭恵氏や財務省本省などに不利とならぬよう配慮したことだけは推測できる。が皮肉なことに、原文書には違法たり得る内容が書いてあるわけではなかったが、書き替えたことで、却って（あらぬ批判から逃れようという）近財の思惑が見透かされ、さらに公文書手続きが違法ということになった。

この違法行為を誰が、何故、誰の指示でやったのか、その当事者捜しが焦点となり、三月二十七日の佐川元理財局長の証人喚問（衆参予算委員会）に国中の耳目が集まることになった。

敢えて私見を述べるなら、普通公文書決裁の手続きに政治家や上級官僚が関わるものではない、そもそも彼らに公文書を扱う手続きへの認識も動機もない。それは近財が単独で、または本省財務省と連絡とって、良かれしと思って行動したことで、文字どおり「忖度《そんたく》」という最も日本的な行動ではなかったか。阿吽の呼吸の中で、担当者らが、例えば国会答弁に矛盾しないよう、少しでも累が及ばぬように配慮したものだったか。（「忖度」とは常に「下位の者が秘かに行うこと、上位の者は認識しない」。「惻隠」の対語といえる。）（藤原正彦『管言妄語』「週刊新潮」三月二十九日号参照）

誰が書き換えたかは、実は難しい、まず真相解明に全力を尽くすことが必要。特定個人かも知れないし、組織的行動かも知れない。ただ仮に特定されたとして、それで案件全体が落着するかは必ずしも見通せない。国民の怒りは非常に高まっている。政治がおよそ国民の信頼に依るものとしたら、政治の側はその信頼を取り戻すためにいかなる選択も覚悟しておかなければなるまい。

（なお、本件、安倍政権と対決するために、財務省側が秘かに仕かけた大技であるとの俗論さえあるが、考慮に値しない。）

3月23日（金）

自民党大会

自民党大会が開かれた。様々ある中で、安倍総裁（首相）も非常に元気よく、素晴らしく盛り上がった大会でした。平昌オリンピックの高木美帆選手、「昴《すばる》」の歌手谷村新司さんらが花を添えてくれた。

3月25日（日）

朝倉の豪雨災害。小学校の閉校式

昨年七月五日の大水害、九ヵ月になろうとしています。朝倉市杷木地区の小学校は四校とも閉鎖して「新生杷木小学校」に統合することになりました。そのうち二校の閉校式が行われました。寂しいけれども子供たちにとっては、また新しい飛躍の場所ともなるのです。私はいずれも挨拶に立ち、この学校で学んだこと、大事な友達がたくさんできたこと、何よりも豪雨災害という稀有な体験を耐え抜いたことはこれからの人生に役立つことなどを易しい言葉で話しかけました。

少子化と過疎と災害で学校の再編はやむを得ないことですが、この子供たちが力強く成長することを切に祈ります。

3月26日（月）

戻ってきた「奇跡の」学校門柱

松末小学校講堂は土砂と瓦礫でほぼ壊滅し、学校正門の校名門柱も土砂とともに流出した。数日後この門柱は佐賀県白石町で見つかった。実に七〇キロ、筑後川を通って有明海に流れ込み、海流に任せてついに白石町に辿り着いたもの。墨痕の「松末小学校」は夥しい瓦礫の山か

ら奇跡的に見つけられた。

かくして今日は、その学校門柱と（公民館の看板）の引き渡し式となった。白石町の町長、議長ら一行が小学校を訪れ、厳かに看板の除幕と引き渡しが行われた。

大災害からの復旧と復興を象徴するような明るいニュースでした。

3月26日（月）

苦節から甦った、高梨選手

スキージャンプの高梨沙羅選手、「サラちゃん」と今、知らぬ人はいない。平昌オリンピックでは銅メダルを獲った。そして、オリンピック後の世界選手権では久しぶり、世界一を二度跳び、これで世界チャンピオンは五十五勝、男女合わせても圧倒的な記録を作った。

二年前まで、サラちゃんは連戦連勝、跳べば優勝、向かうところ敵なし、全ての競技会は彼女のためにあった。唯一、ソチ大会で失速した。

変調は去年一年、彼女を襲い続けた。出ても出ても勝てない、国内でも勝てなくなった。平昌を目前にしてそのスランプは極度に酷くなった。平昌の本番、それでも本人と全ての日本人の祈りが届いたか、漸く三位に滑り込んだ。人間には浮き沈みはある、しかし彼女ほどの浮き沈みは珍しい。頂点を極め、ピークを知った者にとって、どん底に喘ぐことがどんなに辛く厳しいものか、社会の目も残酷であった。あの一年をよく耐えた、と私は思う。

オリンピックが過ぎ、風向きが変わったか、あの一年間の苦悩と我慢が、ついに勝負勘を戻してきた。「一勝することがかくも難しく、勝利の味はかくも甘やかだった。オリンピックの金メダルは逃したけれど、一勝の重みに気づいた彼女こそ今真の勝者と言えるではないか」と「日経新聞」は書く。サラちゃんは、挫折とどん底にいる多くの人々にどんなにか勇気付けた。

3月27日（火）

ついに「証人喚問」、森友問題

衆参両院予算委員会にて森友問題の「証人喚問」が行われた。証人は佐川宣寿財務省元理財局長（前国税庁長官）。元官僚として論旨明快、そつなく質疑に対応した。国有土地の価格交渉への安倍首相、麻生財務大臣ら政治家、さらには秘書官、昭恵夫人らの関与は無かったということで概ねの心証は得られた。一方いわゆる公文書書き換えについては野党と世の中の疑問に十分応えたとは言い難い。佐川証人は、「刑事訴追中」を理由に詳細証言を拒否しつつ、書き換えは専ら「理財局内」のこと、いつ、誰が、誰の指示等については専ら司法の中で処理されると一貫した。なお、国会の証人喚問とは言え、刑事訴追に影響はさせないという司法人権の原則は守られたことになる。

最大の政治的懸案の佐川前局長の証人喚問は実現したので当面の政局は前進するはずであるが、決裁文書書き換え問題は、野党と国民世論には不満を残し、しばらく議論は後を引く。また今後理財局内で本当の実行責任者を探すとなると、実は結構深刻な作業となる。

ただ政局的に見れば一応ヤマを越したと言える。今後政治は、内閣支持率、政党支持率の闘いとなる。

3月28日（水）

電撃の「中朝」首脳会談

森友問題で日本中が騒いだのは三月二十七日。実にその前日に北朝鮮の金正恩委員長は北京に赴き習近平主席と会っていた。その秘密裡の行動に世界中は驚いた。私は、ついにやられたかと、密かに落胆の淵に沈んだ。

実に昨年八月十四日と二十五日に私は「米朝対話」を実現せよ、そのために日本こそが米国の説得に回れと書き、爾来一貫して「米朝対話」を訴え続けた。時は北朝鮮がミサイルと核開発実験を露骨に繰り返し、米国との対決、世界平和への脅威が拡大する一方で、世界は国連安保理を中心に徹底した制裁圧力に邁進した。日本は制裁圧力の最先端にいた。

私の本旨は、将来における東アジアの軍事、安全保障は常に中国の存在に左右され、中国の専横的膨張主義こそ絶対に抑えておくべきであるとした。北朝鮮と中国の関係は最悪とされていたその時、米朝関係をいち早く改善し、北朝鮮に米国のコミットメント（関与）と主導権をしっかり築いておくことが戦略的に極めて有益であるとした。北朝鮮が中国と離反しているその間こそが絶妙のタイミングであり、仮に北朝鮮の「核保有」問題で多少譲歩しても米国と日本が核査察を徹底すれば、この国は十分に管理できるというものであった。

「非核化」の原則に拘わり過ぎたのが今回タイミングを失する最大の原因であった。

今年一月九日、韓国文ジェイン大統領がオリンピックに託て南北首脳会談を発表した。米国、日本ではこれが米韓、または日米韓の民主的連携を乱し、相互を離間するとして文氏を非難する声が支配的であった。私は、むしろ文大統領の決断を評価した。現にこれを機に南北関係、米朝首脳会談、金正恩氏の訪中と一気に事態が展開し始めた。文在寅大統領の決断力と胆力を認めざるを得ないし、今や日本外交は「後れを取った」、「外された」という誹りを受けたり、失ったものの大きさを自戒する日が来ることを、私は懸念する。

さらに電撃的金正恩訪中で分かったこと、例の国際的制裁圧力においても、米国と日本はしきりに中国の協力が不可欠と北京詣でに血道をあげてきたが、中国や（ロシア）が本気で制裁に与するはずはない、と言うのが私の一貫した立場であった。今漸くトランプ氏も安倍氏も中朝「血の結束」に遅ればせながら気付いたかと思う。

〈引かれ者の小唄〉という言い回しがある。私のような議員が発言しても、それが外交政策に直ちに影響を与えるものではない。しかし、やはり言わなければならない、何故なら、私は身も心も国家に捧げているのだから。

4月1日（日）

習近平氏「新安保構想」。中朝首脳会談（その二）

中国の習近平国家主席が北朝鮮の金正恩委員長に会った際、「新安保構想」なるものを示したと言われている。現在朝鮮半島問題にはいわゆる「六ヵ国協議」があり、日米韓、中国、ロシアに北朝鮮が加わっているが、長く全く機能していない。今回の習近平構想の位置付けは不明だが、「六ヵ国協議」に代わるものとして、米中、韓国、北朝鮮の「四ヵ国平和協定」を念頭に置いたもので、結果日本を外すことに力点がある模様。一方日本が朝鮮半島管理には中国抜きで取り組みたかったのとちょうど裏腹をなす。だから北朝鮮問題には米国が先手と主導権を取ることが日本にとっても戦略的に重要であると主張するゆえんである。

4月2日（月）

「与論島」にて、国際青少年活動

「与論島」は鹿児島県の最南端の小さな島で、地図では沖縄にくっついているようです。

私は「国際青少年研修協会」という教育組織（公益財団法人）の「会長」を長く務めていますが、この組織は四十二年間に亘って、日本人とアメリカ人の子供たち（小学生）を島に連れて来て、大自然の野外活動、座学など、寝食も含めて分宿、共同生活をさせ、ひいては将来の国際人を育てていこうという活動を続けています。今年もアメリカ人百三十人、日本人百人、インドネシア人数人、各国指導者や付き

添いを入れて総勢三百人近くとなりました。この大所帯が五千五百人の島で一週間の団体活動するのですから、島にとっては多分最大の年間行事となっています。この四十二年間に、実に一度の事故もトラブルも無かったというのが協会にとっても地元の人々にとっても大きな誇りであります。

私はこの活動の責任者として一度は参加しなければとの年来の思いを、今年はようやく実現したものです。

町長さんはじめ地元の名士ともゆっくり挨拶と懇親を交わし、年来のご親切に感謝したところです。内地（！）では、考えられないような美しい海岸、鍾乳洞などの古代遺跡、サトウキビ作りなど、最後は海岸でのボート競争で、全員がチーム対抗するなどは子供たちにとってきっと一生の思い出になることでしょう。

私にとって普段の生活とあまりの様変わりに、思い出深い二泊三日となりました。（なお詳しくは同名、ホームページを参照ください）

4月3日（火）

「日本外交の敗北」か。中朝首脳会談（その三）

少しくどいが、中朝首脳会談を先行されたのは、（私にとっては）非常に無念な思いであって、「日本外交の敗北」とまで書く週刊誌（「新潮」）を妙に説得的に感ずる。さらに外務省ＯＢが「日朝首脳会談などに慌てるべきでない」（薮中元外務次官）とわざわざ言うが、日本だけが金正恩委員長と会ってない日がくることを、暗に懸念しているかの口ぶりである。金正恩氏の対外活動は活発で、この時季に「東京オリンピックに出席する」とまでいうと、その言動はある意味計算し尽くされており、ただの暴君と舐めてはいけないことになる。

対比して、米トランプ政権の人事など外交政策の混乱振りが一層気になるところで、早晩行われる日米首脳会談においては、拉致《らち》問題、通商問題などを含む安倍首相のトランプ大統領への同盟的助言と協力こそが重要となる。

内政では、野党が相変わらず森友問題、新たに防衛省イラク情報問題などに血道をあげる。大事でないとは決して言わないが、内外国難の折り本当にそれでいいのか、が国民の抱く不安である。

4月4日（水）

復旧から復興へ、「九州北部豪雨復興出張所」開所

朝倉市、東峰村を襲った九州北部豪雨からちょうど九ヵ月が経った。未曾有の大災害を受けた地元関係者全ての人々の苦労と努力は筆舌を超えている。

その間、国、福岡県、朝倉市、東峰村の復旧、復興に向けての行政的連携と対策も、困難を極めつつ、一歩一歩進んできた。国、県、市の新年度予算も大方決定し、新しい取り組み態勢も整ってきた。

四月五日、朝倉市杷木地区に国土交通省の地方組織「九州北部豪雨復興出張所」が新しく設置され、主として被災河川の復興事業（赤石川、乙石川など国の権限代行、直轄砂防を含む）を扱うことになった。地元としては本当に有難いことで、明日に向かっての夢と希望がさらに身近なものと感じるようになる。

私は式典の挨拶の中で、まず国、県、市行政の緊密な協力、連携に特段の感謝を示しました。最後に「森田俊介」朝倉市長にふれて、「今病床にある。氏が発災直後から不眠不休でどれほど頑張り、我が身を酷使したか。今年に入って痩せた風なので、市長、大丈夫ですか、と声をかけたが、元気な声が戻ってきた」との内話を披露して、そのご快癒を祈りました。（看板がけは、小川県知事らとともに）

式典後、担当所長らの案内で激甚の被災地の復旧状況を視察しました。

4月5日（木）

開口と入学。真新しいスタート

被災地朝倉市の杷木地区、最も甚大な被害を受けた地域。元々の過疎化も手伝い、四小学校は閉鎖、

このたび四校統合の「杷木小学校」が設立された。百四十年を超えるそれぞれ地域の歴史と伝統を率いながら、この子供たちが、これからは新しい伝統、文化を創っていくのです。

北九州市の私立「九州医療スポーツ専門学校」の入学式。国際色豊かな若者三百三十人が入学し、柔道整復、スポーツマッサージ、整体医療、鍼灸、看護学等専門科目を学んでいく。創立者水嶋章陽理事長は「士魂医才」、「治療よりも予防」という確固たる教育理念のもと今日の総合学園を築き上げた。私とは、古くからの付き合いになる……。

私は平昌オリンピックを引いて、「金、銀メダルを獲った選手も素晴らしいが、むしろ、勝てはしなかったが、五年も十年も懸命に努力してきた選手には、必ずや本当の成果がこれからの人生で表れる」と挨拶しました。さらに『鬼手仏心』という四字熟語を以って、医療、治療の時は鬼の如く厳しく、しかし患者に接するには仏様のような慈愛の心を持って、という言葉で結びました。

4月7日（土）

福岡県「嘉麻市長選」、「赤間幸弘」氏が出馬

嘉麻市長選挙には自民党系現職「赤間幸弘」氏が出馬しました。私は生まれが嘉麻市（旧山田市）で幼少の数年しか生活していませんが、赤間氏とは同郷の連帯感で結ばれています。今日は、選挙事務所を訪ね、選対役員を親しく激励しました。皆さまのご支援をお願いいたします。

4月8日（日）

佐賀県「神崎市」市長選、「松本しげゆき」氏

佐賀県神埼市の市長選挙も始まった。自民党系候

補は現職の「松本しげゆき」氏。松本氏とは個人的にも長い付き合いで、彼は国会に来ると、いつも私の事務所に顔を出して近況を届けてくれる。地方都市の苦労と喜び情熱を持って訴えてくれ、私にとってもいい勉強となる。今回の選挙も大変厳しいものがあるが、選挙とは厳しければ厳しいほど、より立派な政治家を創ってくれると激励しています。

急遽、神埼市まで夜に駆けつけて、個人演説会に飛び入り参加、二百人ほどの応援者に必勝のお願いをしてきました。皆様、立派な指導者です、何卒よろしく、応援お願いいたします。

4月8日（日）

朝倉市長選挙、「林裕二」氏立つ

九州北部豪雨から九ヵ月、その災害からの復旧、復興目指して、朝倉市長選が始まりました。我らが「林裕二」氏（前県議会議員）が勇躍立候補しましたので、皆さま、総力でご支援お願いいたします。

4月8日（日）

アメリカの「銃規制」、成るか

今アメリカでは銃規制運動が全国に広がっている。銃乱射事件が起こるたび、議論され、運動は起こるが、いつの間に消えて行った。三月、フロリダの高校で元生徒が銃を乱射し十七人を殺したことで、友を失った女生徒らが立ち上がり、今全米で数百万のデモに広がってきた。政治闘争への大きなうねりにもなってきた。

銃規制の議論はアメリカにとって、最も古くて新しく、かつ大きな問題。在米経験のあるものなら意外に身近い問題で、私も若い頃から、なんとかならないかと心から祈ってきた……。

しかし行く手は決して楽ではない、というのが、作家、歴史家「高山正之」さんの診立てである（週刊新潮四月十二日号「変見自在」）。

アメリカ人（白人）は大陸に入植以来、先住民、ヒスパニック、黒人奴隷などと休むことなく殺しあってきた歴史にある。リンカーンの父は祖父が銃なしで畑に出て撃ち殺されるのを目の前で見た。ワシントンらは大農園で黒人奴隷を使っていたが、銃を手放していたら即座に殺されていただろう。

　憲法修正第二条（銃で身を守る権利保障）ができたのは一七九一年、独立（一七七六年）して直ぐのことであった。今は平和に暮らしているようだが、白人たちは心の中ではいつ虐待してきた黒人らから報復されるか、恐怖し続けている。ほとんど毎週学校では発砲事件が起こり、ハイウェイでのすれ違い銃撃が頻発している。街を歩いても、車で走っても、いつ報復されるか、頼みは憲法修正第二条だけだ。狂った白人が乱射事件を起こそうとも、骨身に沁みた米市民は銃を手放す気分にはならない……。

4月9日（月）

韓国、竹島上陸を予告

韓国国会議員団が来週、竹島に上陸すると予告したことから、急遽自民党の外交関係委員会が開かれた。中学校教科書に「韓国が不法占拠」と記述したことに反発したらしいとされているが、日本として厳しく抗議すべきことを政府（外務省）に申し入れた。

　いつものこと無視される、国際司法手続にまで言及すべしとの積極意見も出したが、とりあえず外務大臣の訪韓で厳しく抗議する。

4月11日（水）

国連改革議論

自民党外交調査会。国連改革議論で元国連幹部（事務総長補佐）「長谷川祐弘」氏の講演を聞いた。「国連憲章」には日独伊などにつきいわゆる「敵国

条項」が残っており、これを削除することは日本の国連改革の一つであるが、長谷川氏は今「寝た子を起こす」ことはない、むしろ「常任理事国入り」も含めてタイミングを見て、米国（トランプ大統領）の破壊力にかけられないか、などの意見をもらった。

4月12日（木）

「志公会（麻生派）」大パーティー

属する政策集団「志公会」（麻生派）のパーティーが盛大に行われた。昨年から所属議員がさらに増えたので、今回パーティーの参加者は倍増し、七～八千人に及んだ。私の東京関係者にもたくさん後援していただいた。

安倍首相、二階幹事長ほか政界来賓者も賑わい、麻生氏言う「安倍政権のど真ん中に位置する」との自負と決意は揺るぎない……。

もとより、現下の政治状況を楽観しているわけではない。今政府も自民党も、様々な具体的課題の下で、かつてない政治危機、支持率の低下、国民の信頼喪失に直面している。祝い事はそれとして、一層身を律して事態に当たらなければならない。

4月13日（金）

与論島への青少年研修と感謝状

先月末には、鹿児島県の「与論島」に二百人余り日本とアメリカの小学生を合同研修に連れて行きました。私が会長を務めている財団法人「国際青少年研修協会」の年

間行事の一つですが、この活動は実に四十二年間休むことなく続いております。これには当然受け入れ地元の皆さんのご協力と、当団体の努力の成果でもあります。今では多くの若い人（ほとんどは自ら子供のとき、この活動に参加した人たち。）が指導者、世話人として参加してくれます。

今日は東京で、大きな飲み屋さんで、その盛大な「反省会」が行われました。痛飲の合間、ハイライトではこの活動の立役者たちに感謝状を差し上げ、これまでを感謝し、これからをしっかりお願いいたしました。（四月三日参照のこと）

4月14日（土）

親愛なる同志、創業五十周年

神奈川県川崎市の「富士宮グループ」は五十周年を迎えました。今、トラック九十台の運輸会社を中心に製造販売、人材派遣など中堅十社をグループで擁しています。総帥「雨宮國広」さんは山梨県出身、トラック一台から身を起こしました。多くの仲間、良い取引先、その強烈な個性をもって、今日に至りました。

私とは、私が国会を目指していた頃に出会いました。

「私も長い間、選挙では苦労してきました。八回は当選したが、三回は落選しました。当選すれば多くの人が寄って来てくれるが、落選した時は潮が引くように人は去って行く。雨宮さんは、その時でもなお黙々と私を支えてくださった。その時の有り難さは終生忘れられるものではない。社員皆さんの顔を見ると、お互い本当に信頼し合っているのがいい。新しい時代に向けてしっかり対応して行かれるでしょう……」と私は挨拶しました。中国とのビジネスも長いこと順調、そのきっかけでは私がお手伝いしたとのことも。

余技として、雨宮さんは、ボーリングのプロはだし、日本で一番古いボーリングチームを率いています。中山律子さん含む多くの女子プロ選手などを育て、応援しています。

4月15日（日）

「林裕二」氏、朝倉市長に

朝倉市長選挙が行われ、林裕二氏が当選した。前市長森田俊介氏の入院による急遽出馬となったが、長い県会議員経歴と実績、人格などで圧勝することとなった。私の後援会も終始応援に徹した。これからは市長として災害からの復旧、復興を含み、大きな責任を果たしてもらうことになる。

4月16日（月）

「日田・彦山線」の早期復旧を

「鉄道軌道法」に関して、福岡、大分、熊本、福島の四県知事が一堂に会して、国会議員団に改正を訴えた。現行法では、甚大な災害で鉄道が被災した場合、鉄道会社の経営が「赤字」であることを条件に復旧するための国庫補助があるが、今回は「黒字経営」の鉄道会社にも補助の対象を広げるとする要望、さもなくば被災鉄道の復旧は全く進まない。

我が地元では、昨年の豪雨で「日田・英彦山線」が大破、今は完全な不通、辛うじてバス便で補っています。地元では一日も早い復旧を祈っています。私は当然、これらの運動に国会でも、地元においても、積極参加しています。

4月17日（火）

市長選挙、快勝

朝倉市長に林裕二氏が当選した他、次の三氏にも応援に行っていたところ、いずれも当選を果たしました。各氏の今後のご活躍を祈ります。

福岡県嘉麻市長、赤間幸弘氏
佐賀県神埼市長、松本茂幸氏
千葉県東金市長、鹿間陸郎氏

4月18日（水）

介護問題、糖尿病問題東京セミナー

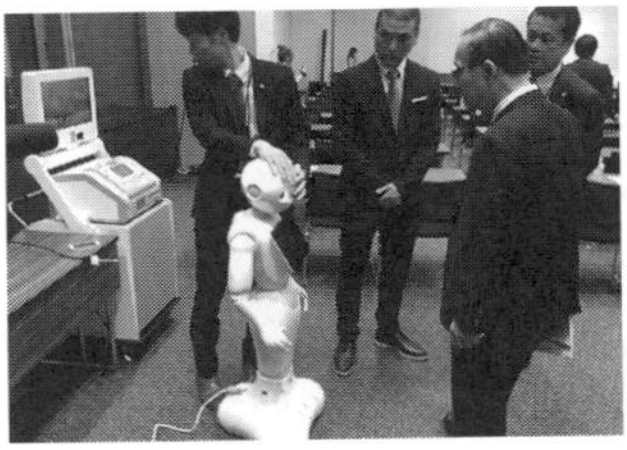

私は介護問題を広く扱う団体（一般社団法人「日本介護事業団体連合会」）の役員をしていますが、今日のセミナーでは「国民病」とされる糖尿病の講演（講師は群馬大学の小松康宏教授）、さらに介護事業者からの具体的事業案内などがありました。

私も冒頭、挨拶に立ち、平成十年頃、厚生省政務次官として「介護保険制度」の法律化に関わったことを自己紹介したうえで、介護保険制度の現在及び将来的意義について話しをしました。セミナー講演の後、介護用具の展示などがあり、今やロボットの「ペッパー君」が介護施設で頑張っている様子も見せてもらいました。

4月19日（木）

通商問題は難問か、日米首脳会談

安倍首相とトランプ大統領の首脳会談。北朝鮮事情が大きく変わり、米朝対話が行われるが、それを前にして日米同盟の絆を確認、強化するためのもので、結果は概ね成功であった。北朝鮮の非核化向けての戦略と日本の安全保障の確認、拉致《らち》問題にもトランプ大統領は積極的に取り組むと確約された。

一方、経済通商問題は難しくなった。トランプ氏は貿易収支に係る日米の格差に本気で不満を持っており、とりわけ二国間協定を目指すと明言した。日本はでき得べくんばＴＰＰか多国間協定の枠内で処理したいと考えているが、担当の茂木大臣も苦労されるかも。

4月20日（金）

「こども食堂」を訪ねて

この豊かな日本で、貧困や家庭崩壊などで食事も満足に取れない子供たちがまだ沢山いるという。これは国の経済政策、所得格差の問題であり、最後は国の福祉政策の問題であろうが、今「こども食堂」として、民間の慈善活動に負っている部分も小さくない。最近の新聞では全国で二千四百ヵ所ほどが運営されているという。

縁あって、東京新宿区の「こども食堂」を実地見学した。場所は公民館のひとつ。週一日、五十人ほどの子供たち、小学生中心、中学生も何人かいる。食事手伝いは主婦十五人ばかり、驚くことに、食事の前には早稲田大学などの学生二十人くらいで勉強の教師もしている。子供たちも、はきはきと屈託がない。家庭の事情は様々、居場所を隠している子も何人かいるという。

発足してもう三、四年になるが、それぞれボランティアも組織化され、物事がてきぱきと進む。多くの人の善意に支えられ、しかし何より、「浜松さん」ご夫妻の崇高な使命感には胸打つものを強く感じました。

4月21日（土）

「化学兵器」は使われたのか。シリア大使激白

中東シリアの情勢につき、駐日シリア大使と意見交換する機会を得た。現下のシリアは非常に複雑な様相にある。（正直、私は何度聞いても、十分理解できていない。）

アサド政権はロシア、イラン、イスラム系シーア派などに支援を受けつつ、多くのテロ組織と戦いながら、国内最大の反政府勢力と戦っている。その反政府勢力は米国、西欧、トルコ、イスラム系スンニー派に近いといわれ、この紛争（内戦）は米欧対ロ

シアの「代理戦争」といわれる。三月に政府軍は反政府軍にミサイル攻撃したが、その際、国際的に禁止されている化学兵器を使ったのではないかとの疑いが出てきた。米国、フランス、英国は化学基地をピンポイント攻撃したがそれは懲罰的、政治的なものと説明されている。

シリア大使は懸命に訴える。シリアは絶対に化学兵器を使っていない、そもそも作っていない。日本は欧米の情報だけで米国を支持する。そもそも米国らは化学兵器禁止機関（ＯＰＣＷ）の査察の結果を待たずに攻撃した。使っていないことの証明は不可能である、小国だから潔癖を情報発信する力も無い。

私ら議員は質疑を続ける、潔癖を実証する努力が足りないのではないか、火のない所に煙は立たない、ＯＰＣＷの査察に対して邪魔をしているのではないか、国内テロ組織を管理できないアサド政権に民主的正統性はあるのか……国内の治安はどうか、に対して、大使は日本人の皆様には安全は絶対保障するので、是非訪問して欲しいと応じた。

どの国の大使も、国家のために痛々しい。

4月22日（日）

写実絵画と写真。芸術家の執念？

絵画で写実が極限まで行くと、それは写真そのものになるのか。一体芸術はどこにあるのか。

写真が登場したのは十九世紀、画家の立場が劇的に変わったという。肖像画家は職を失い、写真技師に転じたものもたくさんいた。写真に対して画家は何を描くのか。抽象表現もその答えのひとつだったかも。

「写真は一瞬を切り取るが、絵画は画家が丹精込めて技術と感性とを埋め込み、理想像を表現する。研ぎ澄まされた人間の技術力と想像力を体現した写実絵画にこそ、観る人をして感動を与えずにはおかないのだ」（東京芸大客員教授安田茂美氏）。

長い間の私の疑問に、的確に答えてくれた一文でした。(「西日本新聞」文化欄、平成三十年四月二十三日)

4月23日(月)

園遊会、両陛下ご健勝

天皇皇后両陛下ご招待の「園遊会」に出席し、両陛下のお健やかなお姿に幸せを感じました。久しぶりに会えた人もたくさんおり、また外国の人々も数多く参加しており、日本の文化、様式と何より皇室の関わりについて大きなインパクトを受けたものと思います。

恒例となった天皇陛下と芸能人との対話については、スケートの羽生譲選手や将棋の羽生善治名人などが一番人気のようで、翌日の新聞各紙にはそれがメインでした。

なお、午前中にはずっと強い雨が降り、今日は本当にやるのかと心配したくらいでしたが、午後には雨も止み、陛下のお出ましの頃は陽も照り始めた。私は夕方の会合で、園遊会の話に触れた時につい「皇室のパワーとはすごい」と言って、会を笑わせました。

4月26日(木)

映画「ウィンストン・チャーチル」世界を救った男

第二次世界大戦、英国はドイツ・ヒットラーが侵入せんとする瀬戸際にいた。ベルギーが落ち、フランスもほぼ落ち、あとはイタリアを介しての対独和平か、それともダンケルクへの侵入を迎え撃つか。(一九四〇年五月~六月)。チェンバリンなど閣僚、指導者たち、国王を含めて、大勢はドイツとの和平に傾いた時、一人呻吟する首相チャーチル。下した結

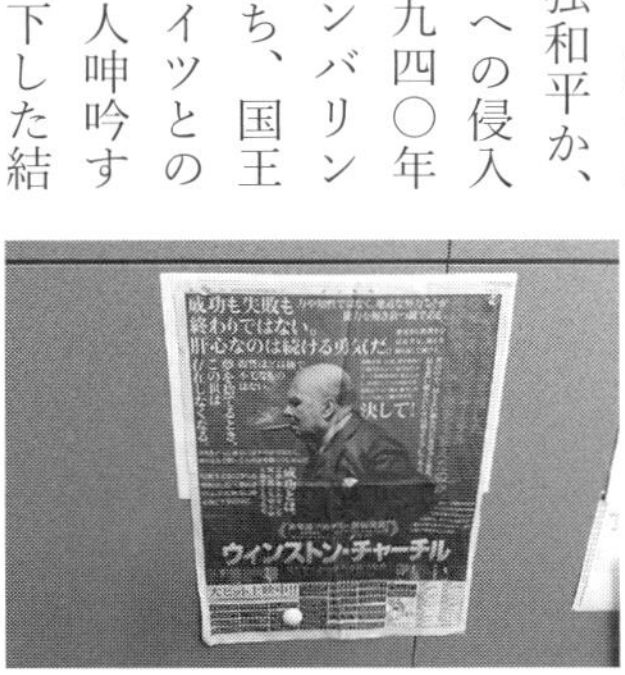

論は断固、迎え撃つ、しかし四十万人の将兵を見殺しにしてはいけない。

海洋国家英国の面子と米国ルーズベルト大統領の協力などで、ついにヒットラー軍を破った。彼は議会で勝利演説する、「危機が迫った時、決して背中を見せるな、背中を見せれば危険は二倍になる、正面から戦えば危険は半分になる。危機が迫れば決して逃げるな、決して」。

そして、半年後、チャーチルは総選挙で敗退して、政治から去った。

南北朝鮮、歴史的首脳会談

4月27日（金）

ひと月前には予想できただろうか。四月二十七日、南北首脳会談が行われ、世界中の耳目を集めた。韓国文在寅大統領と北朝鮮金正恩委員長の歴史的会談が三十八度線上で行われ、「完全な非核化」を含む「板門店宣言」も出された。過去に北朝鮮は何度国際約束を破ってきたか、この宣言をまともに信用することはできないが、しかし、北朝鮮が少しでも変わろうとする意欲だけは認めざるを得ない。六月には米朝首脳会談が行われる。さらに事態が進展することを望みたい。

私の一貫した主張、米朝折衝を急ぐべきこと、日朝折衝も急ぐべきこと、その前提は中国の北朝鮮支配に先行することが必須であるが、遺憾ながら今の動きはそうなっていない。なお、平昌オリンピック以来の文在寅韓国大統領の一連の決断と行動は、好き嫌いはあるようだが、率直に評価すべきと思っている。

日米平和の象徴、テキサス州を訪問

4月28日（土）

米国テキサス州フレデリックスバーグ（Fredericks-burg）の「太平洋戦争博物館」を訪問した。太平洋戦争（第二次世界大戦）の歴史と武器やそれに関わる夥しい戦争遺産、遺跡の展示と解説を加えており、歴史的、学問的にもまた教育的にも質量ともに極めてレベルの高い博物館である。米国の「建国二百年祭」（一九七六年）に当地出身のチェスター・ニミッツ太平洋司令官の事跡を顕彰して作られた。ニミッツ元帥は青年将校時分から東郷平八郎元帥を我が師の如く敬愛していた。それを知る関係者が博物館設立にあたって、日本の東郷元帥の関係者に支援と資金援助を依頼した結果、博物館敷地内に「日本庭園」が寄贈された。ここに日米両国間で、戦争の怨讐をのり超えて平和に向けての象徴ともなった。

今回その日本庭園の大改修が行われたことを記念する式典が日米合同で行われた。前夜祭と式典、茶会や植樹祭など多彩の催事が行われた。私のほか、中山衆議院外務委員長、青山参議院議員、杉山駐米大使ら、さらに東郷元帥の玄孫たる保坂宗子さんも出席した。

なお、日米の絆を今日にまで強化した影の立役者として、博物館館長「ジョー・カヴァロー氏」と日本人学芸員「岸田芳郎氏」に特別感謝の意を表しておきたい。

「戦争博物館」（National Museum of the Pacific War）という、日本人には馴染みにくいネーミングであるが、その設立の意図と実像は極めて真面目で客観的、学問的にも素晴らしいもので、より多くの日本人が参観されることを勧めしたい。

5月2日（水）

「アラモの砦」

サンアントニオ市にある「アラモの砦」を見た。十九世紀半ば、メキシコはスペインから独立はしていたが、いまだ国は安定せず国の内外複雑な政治、武装闘争の中にあった。一方テキサス地区はメキシコ共和国の領土であったが、アメリカ系の入植者（テクシャン）が増え、分離独立運動を強めていた。アメリカ系テクシャンは一八三五年に独立を一方的

に宣言、メキシコ軍はこれを反乱軍として武力鎮圧を謀った。最後はアラモの砦で壮絶な戦闘となり、有名なデイビー・クロケットなどの義勇兵を含む二百五十人余の籠城者全てを殺して戦闘を制した（一八三六年二月〜三月）。これをテクシャン側は、「アラモを守れ、Remember the Alamo」と呼びかけて、アメリカ側にさらなる協力を仰ぎ、結果メキシコの総帥サンタ・アナ（大統領）を捕らえて独立を確定した。テキサス共和国はその後アメリカ合衆国に組み入れられ（一八四五年）、テキサス州として今日に至る。

5月3日（木）

オクラホマ州「タルサ市」
嗚呼、両親の墓参り

テキサス州の右肩にあるのがオクラホマ州で、そこにタルサ市（Tulsa）があります。人口三十万人。実に五十五年前、私は留学生としてここの高校（エジソン高校）に通い卒業しました。シャクレット（Shacklett）というホスト家族に一年間世話になり、今回もその一員で同年のカーチス夫婦に大変な歓待を受けました。自宅は私の育った家がそのままです。タルサへの里帰りは二十年ぶりです。

まず父母と仰いだ「シャクレット夫妻」の墓参りをしました。故郷を離れた異国の少年を、いかに慈しみ育ててくれたか、私は終生、この二人を「本当の親」と敬愛しています。

暖かい陽射し、広大な緑の中で、父母は眠っています。私は長い間芝生に佇み、遠き日々を追憶し、またその後の人生をしっかりと報告しました。父はいつも冗談っぽく、落ち込む私を鍛えてくれました。母は、限りなく優しく、学校のこと、友人関係のこと、健康のこと、父とは別に何でも相談できたのです。それを踏まえて、母は後日、私の青春記『Yoshi Doodle came to town』（「ヨッシーが町にやって来た」）を出版してくれたのです。

5月4日（金）

オクラホマ州タルサ市（その二）

限られた日々、故郷タルサ市での活動は忙しい。高校卒業同期の仲間が十五人ほど夫婦連れで集まってくれた。お互い歳をとって、引退組が多かったが、私は挨拶して、もうひと息国のために頑張ると約束し、かつお互い体を大事にしてまた会おうと別れた……。

地元新聞（Tulsa World紙）が取材して、翌日には一面に大きく取り上げてくれた。「日本外交官が久しぶり里帰り」との見出しで、私の政治歴を詳述する。私の兄弟分カーチスは「ヨッシー（義昭）は高校時代、いつも首相になると言っていた。いまだ実現してないが、今、その流れの中にいる」と引き立ててくれた。新聞を見て、何人も友人が電話、メールを寄越してくれた。

卒業のエジソン高校に呼ばれて、歴史社会のクラス（高校二年生）で講演をした。まだ子供のような生徒たちでテーマに困ったが、日米関係、北朝鮮問題などにつき分かり易く、一時間ほど話した。私の英語力で十分通じたかどうか。

5月5日（土）

レスリング監督のこと。タルサ市（その三）

私は在学中レスリングに励み、州選手権準優勝まで行きました。「ジム・セラーズ監督」に特別の指導を受けたのですが、監督はその後の勲功でエジソン高校の体育館に「ジム・セラーズ体育館」と

してその名前が顕彰されています。私は特段の敬愛を覚えており、セラーズ監督の遺影を福岡の本部事務所自室に飾っています。

5月6日（日）

北朝鮮、イランなど国際情勢、激動

◎国内の政局は収まりつつある。野党の一斉審議拒否は昨日の本会議出席で終わった。長きのゴールデン休暇も含めて、野党も少しは働かなければ国民からいよいよ見放されてしまう。

この間国際情勢は文字どおり激動している……。

◎米朝首脳会談は六月初旬に、場所は三十八度線も含めて選択とか、今や「完全非核化」の中身とそのスケジュールについて詰めが行われている。ボルトン氏（補佐官）やポンペオ氏（国務長官）も行ったり来たりしている。完全非核化と経済制裁解除との先後関係がポイントである。

◎日中韓首脳会談が東京で行われる。北朝鮮問題が中心だが、経済、通商問題その他も大事である。中国は相変わらず日本の尖閣諸島の領海、接続水域への侵入を連日続けており決して許してはならない。首脳接触の機会にこそ厳しく抗議すべしと私は言い続けている。竹島問題もしかり。

◎北朝鮮の金正恩委員長が再び中国を訪問し習近平主席と会った。六月の米朝会談を前に中国の後ろ楯を頼みに行ったと見られる。習近平氏はその後トランプ氏と電話会談を行った。

中朝接近が、将来中国の覇権的動きにどう影響するかを見ておくことが必要。東アジアにどう影響するか、朝鮮半島（統一問題など）への影響、（朝鮮戦争の終結との絡みで）米軍の扱いなど、日本の外交、安全保障にも致命的に影響する。

◎トランプ大統領がイランとの六ヵ国核合意から離脱すると発表。仏独英の西欧諸国の懸命の説得にもトランプ氏は応じなかった。イランへの経済制裁が始まり、中東情勢もまた一変する。

何もわざわざといつも思うが、トランプ流とは選挙公約は守る、オバマ政治の否定、秋の中間選挙を意識する。しかし米国の決意は無視できない、北朝鮮との非核化交渉への影響も大きい。外交は素人なるが故に今やなんでもやるが、それが上手く行くとしたら、天晴れと言える。石油価格の高騰を含め、日本への影響も大きい。

5月8日（火）

北朝鮮拉致問題。米国人三人は解放

五月九日、自民党本部。「拉致《らち》問題委員会」が開かれました。六月の米朝首脳会談においては、日本人拉致被害者を必ず救出しなければならない。全員が真剣です。

私の発言。「首脳会談の機会に是が非でも救出の糸口としたい。米国が三人の米国人を解放すべく努力しているようだ。仮に米国人の解放が先行して、日本人の解放が遅れるようなことのないように米国にも断固と申し入れて欲しい」。

委員会「そのとおりだ。全力で努力しよう」。

その夜、トランプ大統領は訪朝のポンペオ国務大臣が米国人三人を救出、連れ戻したことを発表した。〈写真〉飯塚繁雄家族会会長、西岡力救う会会長ら。

5月9日（水）

将棋、羽生善治名人の祝賀会

将棋の「羽生善治」さんの「永世七冠と国民栄誉賞」を祝う会があり、招待状が来たので参加しました。大変な賑わいで、普段の政治パーティーとはまた異なる雰囲気で、も少しゆっくりしたいと思いました。私は「福岡県将棋連盟会長」を務めており、自身、免状はアマ五段で、羽生さんの凄さは理解しているつもりです。近時、藤井聡太七段の活躍などで将棋界が盛り上がっていることは大変嬉しいことです。

なお、会場で囲碁の「井山裕太」名人、ノーベル賞の

「山中伸弥」教授を見つけたので、いずれも憧れの人、お願いしてツーショットをしました。

5月10日（木）

予算委員会、「柳瀬唯夫」参考人質疑

衆参予算委員会、「加計学園問題」で元総理秘書官「柳瀬唯夫」氏の参考人質疑が行われた。国会では「森友問題」とともに一年以上やっており、もういい加減にしてくれというのが本音でもあるが、今回の参考人質疑は政局的には非常に大切な節目となる。

結果、野党と新聞は早速「疑惑は深まった」類いのコメントを出しているが、私はそうは思わない。私は与党でかつ彼と通産省の先輩後輩になるので、多少のひいき目は免れないが、柳瀬氏が野党の質疑にも誠実かつ率直に対応したものと評価し、この加計学園問題も早晩収束に向かうという手応えは感じている。

5月11日（金）

「小石原川ダム」定礎式。大型トラックも自動運転！

朝倉市から東峰村、筑後川にも架かる「小石原川ダム」の「定礎式」が盛大に行われた。足かけ四十年に及ぶというこのダム計画で、当然に数々の困難の歴史を刻んで今日に辿り着いた。

道路の取り付けなど周辺関連工事を全て終え、いよいよダムの本体工事に入る、「定礎式」とは、読んで字の如し、ダム底に沈む部分を鎮魂する儀式（神事）でもある。

新緑映える快晴のさつき空、稀に見る大がかりの催事であった。私はほぼ冒頭に祝辞に立ち、昨年の九州北部豪雨、平成二十一年八月の民主党政権による工事の中断、それを乗り越えての再開、平成三十年度の大幅な国家予算増、父祖伝来の土地を手放し

た地権者への労いなどを発言した。工事竣工は平成三十二年四月の予定。なお、式典の圧巻は、数百トンを超える土砂を積んだ大型トラックなど工事車三台が完全自動運転で、「礎石」など全てを埋め戻したこと。技術もここまできたかと目の当たりでの衝撃。

私もこのダム建設計画、いささかの実質的関わりができていることに誇りを感じています。

5月13日（日）

ファーマーズ市場、十周年記念

筑前町のファーマーズ市場「みなみの里」が発足十年を迎えた。今や大いに繁盛している。

「発足の三、四年前だったか、手柴町長（当時）から直売店を作りたいと言われたので、こんな田舎に人が来るだろうかと心配した。いや県道『三六線』が前を通るはずだが、と町長が言うので、県道の建設も急がなければと思った。県道は予定よりだいぶ遅れ、その間は客足を本当に心配した、駐車場もガラ空きだった……」と発足当初の思い出話しを披露しました。先人たちの苦労とその後に続く人々の努力で、年間売り上げも予定の倍、七億三千万円、生産供給者も四百人を超える、全県でも有数な直売マーケットに成長している。「とにかく野菜が新鮮なこと、品揃えが豊富なことで、私の妻も大ファンです。」と挨拶を締め括りました。

今日は国会勤務日でしたが、祝辞を述べたくて東京と福岡をとんぼ帰りで往復したところです。

5月16日（水）

北朝鮮の揺さぶりか、米朝首脳会談「再考」

来月十二日にシンガポールで行われる予定の米朝首脳会談に暗雲が。北朝鮮が、やっぱり悪いくせを出してきた。平昌オリンピック以来、融和志向に大きく変化したと世界中を驚かせたが、北朝鮮の本質は変わらない。平気で人との約束を破り、信用もできないことを改めて示した。元々予定していた韓国の米韓軍事演習を理由に、朝鮮南北閣僚会議は中止された。

一方で米国はシンガポール会談に向けて粛々と準備を進めるという、国際圧力、経済封鎖は引き続きかけ続ける。もちろんそれが正しい。融和路線は北朝鮮が勝手に始めたこと、それを勝手に引っ込めるだけ、断じて圧力を緩めてはいけない。やっぱりこの国には性悪説でしか対応できない、「情けは人のためならず」か。

トランプ大統領「米朝首脳会談、中止」

5月17日（木）

トランプ大統領が来月十二日に予定されていた米朝首脳会談を「中止する」と発表した。その直前には、北朝鮮が核実験施設を、各国のメディアを集めて爆破して見せた。

首脳会談の中止は一瞬ぎょっとしたが、多分それほど深刻なものでない、むしろ北朝鮮の方が続行を求めるなど、今までに見せたこともない様相も。米朝いずれも外交的な効果を目指し、また主導権やウケを狙う。

それにしてもトランプ氏には動物的な才覚と行動する勇気に恵まれている、指導者たるものの鑑にも見えてくる。

『日本を語る会』大盛会、心から感謝

5月25日（金）

福岡と東京でパーティー形式の『日本を語る会』を開催し、本当に多くの方に出席頂いた。私はいずれの会合でも、昨秋の総選挙の御礼から始まり、九州北部豪雨対策、北朝鮮問題、経済政策、消費税、憲法改正などを率直に話し、来年の元号変更による新しい時代の到来にあたり、これからの決意を訴えました。

およそ議員たる政治家は、この種パーティーをしばしば行い、重要な政治活動の手段としています。

私もその例外ではない。そこでは自分の主張や公約をまとめ、それを発表し、選挙のための組織作り、党勢の拡大の場と考えます。さらに会費を取るので資金集めにもなるのですが、実は資金集めこそが主たる目的というのも本音です。大枚を頼んでの出席依頼であって、心苦しい限りですが、政治活動には金がかかる、結局多くの人々に援助を頼むしかありません。それ故に自分の信念と国家国民（有権者）の期待に真面目に取り組むことでのみご恩に報いられる、というのがおよそ議員たるものの偽らざる気持ちです。

5月31日（木）

「国際リニアーコライダー計画」（ＩＬＣ）国際学術会議

ＩＬＣ計画は、超高エネルギーの陽子、陽電子を直線で衝突させる壮大な実験設備で、宇宙の起源を含む物質の根源を観察するとする研究協力の国際機構。いずれ日本に設置するとする概ねの国際的了解があるものの、いつ具体化するか、日本の国内で本体の設置場所として、岩手県と九州北部（福岡佐賀県）が引っ張り合っている。

福岡市にて、ＩＬＣの学術国際会議が行われたので、私は国会のＩＬＣ議員連盟の役員と地元福岡代表という立場で、海外からの約百人の研究者たちに歓迎と会の趣旨説明（英語）を行なった。

6月1日（金）

米朝首脳会談、六月十二日。事後、「中国の脅威」を忘れるな

米朝首脳会談が当初の予定どおり、六月十二日に

シンガポールで行なわれる模様。北が悪態を突いたり、米トランプ大統領が「中止」の発表をしたりと多少の曲折はあったが、両国には（特に北朝鮮にとっては）これ以外の選択は無かった。北が宥和に向けて本音を晒したのも初めてのこと、それだけトランプ大統領の圧力が強かったこと、日本も懸命に後押しをしたこと。北の完全非核化への動きは大いに評価してよい。

北朝鮮にとって、中国は後ろ楯、ロシアは友邦、ひとり日本だけが蚊帳の外という論調がある。私は、それを否定しないが、なまじ焦ると将来の負担ばかりを押し付けられる、むしろ彼らが頭を下げて頼みに来るまで放っとくのも一案。拉致問題だけは執拗に要求し続ける。

それ以上に、私は常に警告する、北朝鮮問題が落ち着けば、東アジアで中国が益々脅威となる、益々覇権主義的に行動する。東シナ海資源問題、尖閣諸島への侵入、「朝鮮戦争終結、南北平和協定」の後には米軍基地が日本、韓国に残留することさえ根拠を失う……。中国こそが真の脅威ということを忘れてはいけない、「乱に居て治を忘れず」、「治に居て乱を忘れず」ということを私は吼えまくっている。（北朝鮮と中国が絶対的疎遠だった時、日米が外交攻勢をかけて中朝間に楔を打ち込むべきであると言い続けた。今も口惜しく思い出す。）

6月2日（土）

太宰府の歴史レジェンド、絵師「齋藤秋圃《しゅうほ》」展

二百年前、太宰府に齋藤秋圃という絵師（画家）が活動しており、夥しい量の作品を残していた。秋圃は民間の絵師であったがその才能ゆえに、上方（大阪）、長崎、筑前（秋月）などで大名に抱えられ、最後は太宰府に落ち着いた。

その作品は齋藤（仲道）家に永く秘蔵され、世に出ることはなかったが、全作品が太宰府市に移管され、このたび一般に公開されることとなった。

「画風、基本は風俗画、緩急のある流麗な筆づかいの人物には、生き生きとした動きがあり、柔和な趣と滑稽さの中にどこか覚めた感もある……」と解説書にある。

古都太宰府にその名を冠する遺産が、またひとつ掘り出されたことになる。

6月3日（日）

憲法改正を急げ。「日本会議福岡」二十周年大会

「日本会議福岡二十周年記念大会」が行われた。

私は来賓として挨拶に立ち、九州北部豪雨の災害復旧への取り組み状況、北朝鮮非核化に向けての米朝首脳会議への期待、併せて北朝鮮の背後にいる中国に厳しく目配りすべきこと、憲法改正に当たっては九条に自衛隊条項を明記すべきこと、前文は国の姿（「国体」）を表すに相応しい力強さとすべきことなど持論を展開した。

「日本会議」は全国で、将来の憲法改正、国民投票に向けての地道な運動を続けています。

6月4日（月）

私が泣いた日

五歳の女の子が親の遺棄で亡くなった。養父に虐められ、実母も結局助けなかった。食事を与えず、暴行も加え、寒空で戸外に放置し、医者に見せた時は手遅れだった。平均二〇キロの五歳児が、一二キロだった。

覚えたばかりのひらがなで、父母に「ごめんなさい」というお詫びの言葉ばかり書いていたという。結愛ちゃんとして生まれたこの世でついに果たせなかった幸せ、せめて今は天女たちの胸の中でス

ヤスヤと眠りについていることを祈るのみ。

鬼畜にも劣る両親には厳罰を下されて当然であるが。

6月6日（水）

祝日「海の日」は「七月二十日」に固定すべきか

「海の日」は本来七月二十日にあたり、それが国民の祝日になっていた。もう二十年近く、いわゆる「ハッピーマンデー法」によって、元々の祝日は直近の月曜日に振り替えられて、土曜、日曜、月曜と三連休になり、国民は旅行やレジャーや観光やその他の生活を楽しむことができる、そのことで経済や消費が大いに活性化することになった。

このように「海の日」も毎年、その週の月曜日に振り替えられているのだが、近時本来の七月二十日に戻して固定しようとする動きが出て来た、何故なら日本は四面を海に囲まれて、国民生活のほとんど全てに海が関わり、世界の海洋国家としての意識もある。またその日が特別に歴史的な由来も持ち、新しい時代においてはいま一度国民に海への認識と誇りを取り戻そうというもの。

《歴史考証——明治九年、明治天皇が非軍艦の「明治丸」で東北地方の行幸を終えて無事横浜港に安着されたのが七月二十日。この日を近代日本が本格的に海洋に乗り出した……日に相応しいとされた》

他方、経済界、観光業界などからはハッピーマンデーの経済効果はすでに大きく、態々国民に定着した三連休の原則を変更する必要はないとの立場。

今日の自民党部会で、賛否を巡って大激論。七月二十日に固定すべしとの意見が多かったとの印象。私もそれに賛成した。近日中に、自民党として最終結論を出すことになる。

このように超個別案件でも徹底的に議論するのが、国民政党の自民党です。

6月7日（木）

米朝首脳会談、直前。「中国の脅威」を忘れるな

米トランプ大統領と北朝鮮金正恩委員長との会談

がいよいよ明日十二日に迫った。当事国の戦略や思惑、周りの国の観測、憶測はそれぞれであるが、地球全体の安全保障上良い方向に向かうことは間違いない。北朝鮮の非核化は進み、南北融和は進む。日本の安全保障上も緊張の緩和が期待できる。

　続いて朝鮮戦争の終戦と平和条約の締結もあり得るとすると、米軍が韓国や日本に駐留する根拠が無くなるとする議論が現実となる。南北朝鮮が統一の方向に動く時、今の文在寅韓国では真に保守勢力として残り得るか、北朝鮮の中国への従属化が進むとしたら、中国の影響力が大きくなるが、日本にはどう影響してくるのか……。

「中国の脅威」ということを忘れてはいけない。そのことを遠くに考えながらの、北朝鮮問題でなければならない。

6月11日（月）

歴史的、米朝首脳会談

シンガポールにて、歴史的なトランプ大統領、金正恩委員長の首脳会談が行われた。世界注視の中、両首脳が会ったこと自体が大事であって、あとはいかにも段取りどおりで、あまりに透明度も高く、「完全非核化」という深刻なテーマについては具体的な方式もスケジュールも示されなかった。

　劇場を見るが如く壮大な演出で、トランプ氏の選挙（中間選挙）を意識したものといわれても已むを得ない。ジャパンアイテムの「拉致問題」は本当に取り上げられたのか。

　世界の安全保障に緊張緩和が訪れたことは良いことであった。

6月12日（火）

〝哲人〟マハティール首相、国会を激励

　マレーシアのマハティール首相が来日し、議員会館大会議場で与野党議員に挨拶された。二十二年間首相を務め、辞めてから十五年、このたび政治混

乱の選挙を収めて再び首相に復帰した。御歳九十二という。哲人と呼ぶに相応しい、益々矍鑠《かくしゃく》として、新しい時代に向けてしっかり頑張るようにと、私たちに強い激励を送られた。

氏は往年、「Look East（日本を見習え）政策」を高らかに掲げて、懸命にマレーシア国の発展に努力された。成長と発展が軌道に乗ってからも常に親日的、日本の停滞に対し、励ましと助言を続けてきた。

健康法は、との質問に、医者でもある本人は、「食事に気をつけており、美味しいものこそ食べ過ぎないように、と母親からいつも言われていた」と答えた。

目の前を通られたので、私は握手も頂いた。温かく柔らかい手であった。

6月13日（水）

トランプ大統領と金正恩委員長、一夜明け

米朝首脳会談も一夜明け、論評は様々。大成功、よくやった、「ノーベル平和賞もの」との誇張もないわけでないが、手堅くいうと、厳しい声の方がどちらかと多いか。曰く、「完全非核化」の具体的行程を決めてない、北朝鮮の体制は保証し、制裁圧力も事実上解除、米韓軍事演習も取りやめるとのアドリブも、一体にトランプ氏は譲り過ぎでないかとの意見。非核化にかかる費用負担は全て韓国と日本が持つ、との発言には両国とも腰を抜かしたに違いない。トランプ流、彼は颯爽とかの地を去って行った。

されど、米朝が会ったという事実は歴史的にも地球的にも、非常に大きい、トランプ氏でなければ恐らくあり得なかった。あの徹底した制裁措置、他の誰にもなし得なかった。歴史にも外交にもｉｆはない。後は来たる現状を踏まえて、どう手を打つかだけである。「拉致問題」も形だけは提起したらしい、しかし（極く当たり前のことだが）結局自分で

やれということを日本人に決意させた。
くどいようだが、北朝鮮の背後には中国がいる、金正恩氏の往復飛行機には、当然のように五星紅旗（中国国旗）が貼ってあったことを忘れてはいけない。

「溶融塩炉」国際フォーラムと私

6月14日（木）

国会内の大会議室で「溶融塩炉」と呼ぶ次世代型の原子力エネルギーを研究、開発していこうとする国際フォーラムが行われた。自民党エネルギー調査会と民間の研究組織との共催によるもので、有馬朗人元東大総長を中心に文科省、資源エネルギー庁の担当者、米国と中国の技術者が二人ずつ、政治家、企業、学者、学生など総勢二百人が出席した。

現在の軽水炉型原発は、様々の課題を克服しつつ、当面は運転を継続していくが、中長期的には次世代型原子炉の研究、開発は不可欠であり、この溶融塩炉方式は、放射能を多く発生せず、管理も安全かつ経済的で、さらには使用済み核燃料の減容化にも役立つという優れた特色を持つ。すでに米国と中国では実用段階の手前まで来ているとされ、東欧や途上国でも研究は進んできているが、わが国こそその取り組みが遅れ気味といわれている。

私は昔「トリウム溶融塩炉」の権威者で京都大学「古川和夫」教授とご縁を得て、二〇一〇年十月には溶融塩炉に関する国際大会を東京で手伝ったことがある。翌年には東日本大震災が起こり、また古川教授も程なくして亡くなり、私も政治に忙殺されていた。

数年前から関係者が集まりその復活を求めて来た。時は福島原発の是非が徹底議論されているところで、私は意を決し昨年六月、東京で大々的な国際大会を開き、本問題の検討を再開した。以後、自由民主党の資源エネルギー調査会の正式テーマとして取り上げ、今回の国際フォーラムとしたものである。

私は、経済産業省（資源エネルギー庁）の出身者として、原子力エネルギーの重要性と問題点は十分に理解しているつもりで、将来のエネルギー源の切り札として様々の活動を続けているところです。

6月15日（金）

野党にだけはなりたくない、大臣不信任決議議論

国会も会期末となるといつも起こるのが本会議での「大臣不信任決議」案。委員会審議の不備や不手際などを巡って、野党が大臣や担当委員会の委員長を名指して「解任せよ」と提案する。昨日は国土交通大臣、一昨日は内閣委員長。本会議では延々と演説が続き、最後は堂々巡りの「記名採決」、短くても三、四時間はかかる。

実は、ここから何も生まれない。結果は初めから分かっている、提案する野党も通るとは思っていない。衆議院での与野党差はほぼ三対一。およそ議会というのは数がモノを言う。委員会では大いに議論はするが、結論（採決）は大体最初から分かっている。不満を持つ野党は、審議の政策議論以外の戦術に走る。審議を引き延ばしたり、ボイコット（棄権）したり、その最たるものが、大臣不信任や委員長解任の提案。結果は分かっていても、野党はその政治的効果を目指す。

filibuster（フィリバスター）は「議事妨害」と訳されているが、どこの国の議会にもあるとされる。ルールの範囲内で少数派に与えられたぎりぎりの抵抗策で、ある意味、議会民主主義が健全に機能している証左とも言える、独裁的国家ではあり得ないこと。

とにかく野党にだけはなりたくない、と強く自覚する瞬間でもある。

6月16日（土）

高速増殖炉「もんじゅ」への視察

福井県敦賀市にある高速増殖炉「もんじゅ」を自民党資源エネルギー調査会会長で地元福井県出身の「山本拓」議員らと視察しました。「もんじゅ」は次

世代の原子力エネルギーとして開発、一部実証成功にまで到達する三十年以上の大国家事業であったが、運転事故や地元の反対運動などによって、政府はついに昨年、事業の廃止を決定するに至った。これまでの科学的成果や情報の蓄積をどう評価し、かつこのサイトを今後どう振り向けるかは今政府部内で検討されているところであるが、一度是非その現場を見ておきたいとの思いで、今回の視察となった。

極めて厳重な警護と身体の放射能安全対策を講じた上で、原子炉格納容器にまで入り、今後の運営指針や廃炉対策などを説明された。なお先日は「溶融塩炉（MSR）国際フォーラム」に出席した米国と中国からの研究者らも東京から同行しており、彼らも現場で真剣に質疑していた。

日本のエネルギー基本計画では原子力の位置付けにつき、いまだ決め切れないものが多く、原子力雄県「福井県」がこれらにどう役割を果たしていくか、注意深く見守っていかなければならない。

（写真は、視察後の質疑応答、なお視察内は撮影禁止）

6月18日（月）

嗚呼、祐天寺には

東京目黒区に「祐天寺」という有名なお寺（浄土宗）がある。東急電車（東横線）では駅名にもなっている。そのお寺にお詣りすることがあったのだが、併せて大事なことを紹介された。

ひとつは、大正天皇の御生母「柳原愛子」儀墓所とされていること。本来皇族としての待遇が与えられてしかるべきではないかとの意見も。

二つ目は、太平洋戦争で亡くなった旧朝鮮人軍人の遺骨の扱い。旧日本人として国に殉じたもので、遺族の確認さ

れていない遺骨は四百三十一柱が北朝鮮籍としてここに眠る。篤志家たちによって立派な納骨堂が建てられ、国も参加して密かに、しかし丁重な祈りが捧げられている。何れ国交回復後には、本国に戻されてしかるべきものであろう。

6月22日（金）

将棋、文部科学大臣杯

地元で小中学生将棋の文部科学大臣杯が行われた。全国大会への福岡県予選を兼ねる。私は県将棋連盟会長の立場で挨拶をする。近時将棋は例の藤井聡太七段の躍進で全国的なブームとなっており、例年より熱気は高いようだ。

私は「藤井七段」の名前をあげて彼と皆とはあまり年齢は変わらないこと、プロ名人戦に勝った「佐藤天彦名人」は福岡県出身で十分に誇るべきこと、などを通じて子供たちの奮起を促した。多くの保護者たちに将棋への自信と誇りを与えるのも私の仕事です。

6月24日（日）

Wサッカー。そして麻生太郎語録

Wサッカーが燃えている。コロンビアとセネガルという強国相手に一勝一分けという戦績に日本中（と言ってもいい）が興奮している。ほんの二ヵ月前に監督の交代、基礎実力は最下位などと悲観されていたのだから、勝負は分からない。最後まで諦めないこと、何が起こってもパニクらないこと、それに西野監督の地味なところがいい。

この種イベントは全て時間芸術である。その瞬間は燃えるが、直ぐに冷める。その瞬間から何を学ぶか、教えられることは多い。次のゲームで何が出てくるか、やはりワクワクする。

「麻生太郎氏」が、延長時間（ロスタイム）では「不注意に気をつけろ」と言われた。気を抜くなということ。去年のロスオリンピックでは、陸上四〇〇メートルリレー（銀メダル）に託けて、日本選手一人ひとりは遅いのに、団体戦では日本人の結束力が強味だったとほめる。平昌オリンピックの女子パシュート（金メダル）でも、しかり。

麻生氏自身がオリンピックに出ただけに、やはり見るところが違うか。

6月26日（火）

トランプ氏、しっかりしろ。米朝会談後、三週間。

六月十二日、あのシンガポール米朝首脳会談から三週間が経ったが、いい話は聞こえて来ない。北朝鮮が非核化への実務交渉を明らかに渋り始めた。日本の拉致問題には「解決済み」で押し通そうとする。米国は八月の米韓軍事演習を含む三度の軍事演習は中止、米軍の撤退も具体的に動き始めた。韓国はもうサード（ＴＨＡＡＤミサイル防衛）も止めるという。米国は非核化費用と拉致対策で日本に五兆円負担させると言ったとか。

米朝会談は極めて中途半端であった。完全非核化（ＣＶＩＤ）が曖昧だったこと、トランプ氏は大胆に譲り過ぎた。金正恩委員長は中国には三度目の説明に行き、今や完全に中国の代弁者となった。中国は米国の軍事演習中止を提案させ、また朝鮮戦争の終結を遅らせようとする。このところ「中国の一人勝ち、漁夫の利」という新聞題字があちこち踊る。

トランプ大統領は中国、欧州、日本とも通商、関税戦争をおこしている。イランとの核協定の離脱、制裁開始、エルサレムへの米国大使館の移転、国連人権委員会離脱や、国内でのメキシコ人流入問題……彼は秋の中間選挙と自らの再戦に懸命といわれており、これら米国の国内動機で世界の秩序、安全保障関係が仕切られてはたまらない。

トランプ氏のツイッター政治、外交は続くが、他の国々は大いに戸惑い、懸念をしている。米国は今、極めて珍しいことであるが、政府（官僚）機構はいまだ整備されていない、トランプ政権の主要政治ポストの数百はいまだ決まっておらず、基本政策はただ上から指示待ち。大統領は人事を含めオルマイティーである、彼の言動が全てであって、誰も慎重意見や反対論を言えない、直ぐに首を切られる。

それはついに他国日本にも及んで来た。トランプ大統領と特段仲が良く、友人として同盟国として彼に意見し諌められるのは安倍首相であり日本であるといわれる。これまたトランプ氏の反応が読めない、上手くいかない時はダメージになり得る、大いなるリスクを賭して直言するか、我慢して寄り添うか。政治も防衛も通商も今が最も大事な時である。

6月29日（金）

「亀井静香」先生から喝！

大先輩の亀井静香先生を囲んで話を伺った。我が方、皆ベテランの代議士である。

「世の中で暴れろ、地位を求めるな」、信念を通せ。脳天を割られるような衝撃であった。

（私はその昔、選挙に出るとき、官僚の先輩たる亀井先生に挨拶に行った。帰り際、先生から激励を頂いた。その時のことを先生に初めて、遡《さかのぼ》ってお礼を伝えました）。

6月30日（土）

原田義昭（はらだよしあき）

昭和19年10月生まれ。昭和35年、福岡・修猷館高校入学。38年、アメリカ・オクラホマ高校卒業。39年、東京・小山台高校卒業。43年、東京大学法学部卒業。平成26年、国際情報検討委員会委員長。外務委員長、財務金融委員長、文部科学副大臣、厚生政務次官、自民党筆頭副幹事長などを歴任。現在、衆議院予算委員会委員、自由民主党代議士会副会長、外交調査会幹事長、競争政策調査会会長など。衆議院議員（8期）。

主な著作、『尖閣を守れ――東アジアこそ世界平和の要衝』（2015年）、『主権と平和は「法の支配」で守れ――中国の違法開発を「国際仲裁裁判所」に訴えよ』（2017年）。柔道6段、囲碁3段、将棋5段、計14段。趣味はブログ、美術館博物館めぐり、日本史、カラオケ、ディベート（どんなジャンルでも）など。

米中「新冷戦」、中国の脅威に真剣に備えよ

平成30年（2018年）9月7日　初版発行

著者　原田義昭
発行者　川端幸夫
発行　集広舎

〒812-0035
福岡市博多区中呉服町5-23
TEL：092（271）3767
FAX：092（272）2946
http://www.shukousha.com/

印刷・製本　モリモト印刷

ISBN978-4-904213-62-9 C0095

原田義昭著作既刊図書

ヨッシーが町にやって来た
アイネズ・シャクレット著／原田知子訳
発行所：株式会社キャリア・ウイメンズ・フォーラム
制作：新潮社　装画：柳原良平
発行日：1985年9月1日　2刷：1986年3月20日　定価1,300円

日本の一高校生がアメリカ地方都市のヒーローになった。ホームステイ先のアメリカ夫人が綴った原田義昭少年の奮闘記。ケネディ大統領にも会った痛快無比、誇りある日本男児の感動物語。

今日、私が考えた事 2004 誇りある日本！

今日、私が考えた事 2005 品格ある国家 活力ある経済 安心できる社会

外交は武器なき戦争、か 2006

荒波への船出 2007 日本の政治をどう立て直すか

かく語り、かく闘う 2008 日本の未来、不安と期待

「How to be good」（いかに善であるか）**2009** 混沌の中の指標

政治家は、嘘は言わない！ 2010 言ったことはやる、やらない事は言わない。

留め置かまし 大和魂 2011 想起せよ、吉田松陰の遺訓

為せば成る 為さねば成らぬ 2012

尖閣を守れ 東アジアこそ世界平和への要衝 2015

主権と平和は「法の支配」で守れ
中国の違法開発を「国際仲裁裁判所」に訴えよ
衆議院議員・原田義昭著　2017年4月20日発行
発行所：集広舎　価格：本体1,400円＋税

中国の違法開発で緊張の度を増す東シナ海——。日本のみならずアジアの平和を願って奔走する激務の日々を、ときに厳しく、ときにユーモラスに、あますことなく記録したオフィシャル・ブログの待望の書籍化。
ISBN978-4-904213-49-0